fraeuleinfotofee

MEMORY Keeper

EIN BUCH DER
EDITION MICHAEL FISCHER

Inhalt

Vorwort

HEY DU,

schön, dass du da bist! Ich freue mich, dass du deine Erinnerungen auf eine ganz kreative Art und Weise festhalten möchtest und dass du dir mein Buch dafür zu Hilfe nehmen und zusammen mit mir in die Welt des Journalings eintauchen möchtest.

Diese Welt wird dir vielleicht gar nicht so fremd sein – hast du eventuell schon mal ein Tagebuch geführt? Ein Fotobuch zu deinen Reisen erstellt und etwas dazu geschrieben? Ich werde dir hier zeigen, wie du ganz leicht ein kreatives Tagebuch – deinen eigenen „Memory Keeper“ – erstellen kannst.

Auch wenn ich in der Schule Mathe viel lieber mochte als Deutsch, war es dennoch ein großer Traum von mir, dieses Buch zu schreiben, und es macht mich so stolz und glücklich, dass ich die Möglichkeit dazu bekam.

Denn ich finde es unglaublich traurig, wenn Erinnerungen verblassen. Wir haben alle sicherlich Tausende von Bildern auf dem Smartphone gehortet. So wirklich Zeit, um sie durchzusehen, nimmt man sich allerdings nie wieder, oder?

Aber ich kann dir versprechen – ich hole auch drei Jahre nach der großen Reise in die Südsee mein Reisetagebuch immer wieder aus dem Schrank und blättere durch die Seiten. Und ich fühle mich, als wäre ich wieder dort.

Dass das Ganze auch noch hübsch dekoriert ist und damit zu einem kleinen Kunstwerk wird, erfreut mich dabei noch mehr. Es ist so etwas wie ein Ritual, sich an sein Journal zu setzen, Fotos herauszusuchen, einzukleben, zu dekorieren und das Erlebte niederzuschreiben. Es entschleunigt den Alltag und macht großen Spaß! Und ich hoffe sehr, dass du die Freude am Journaling mithilfe dieses Buches ebenso erleben kannst!

Deine

Julia

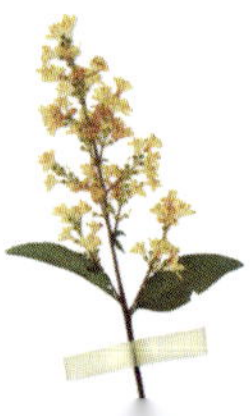

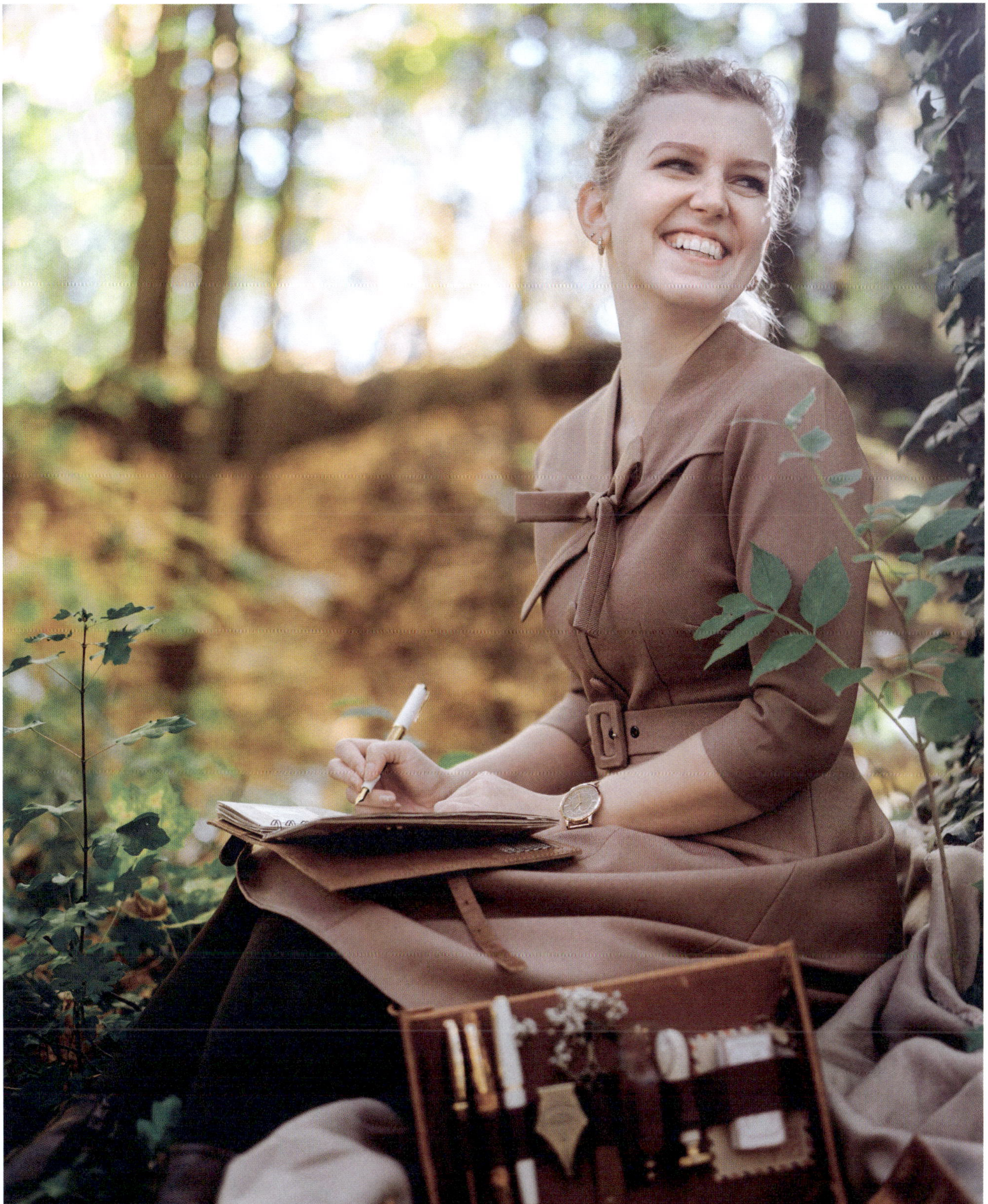

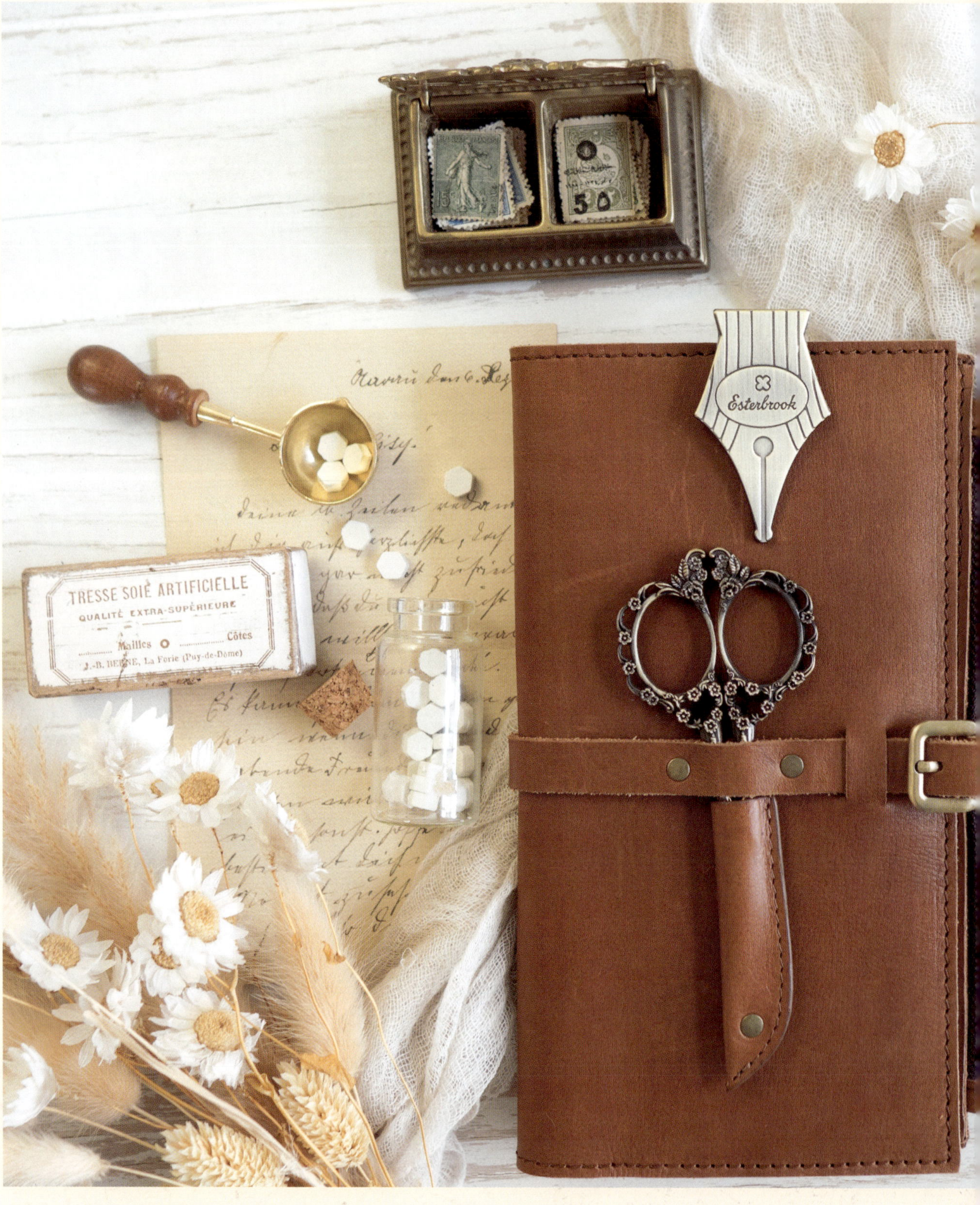
TRESSE SOIE ARTIFICIELLE
QUALITÉ EXTRA-SUPÉRIEURE
Mailles
Côtes
J.-B. BERNE, La Forie (Puy-de-Dôme)
Esterbrook

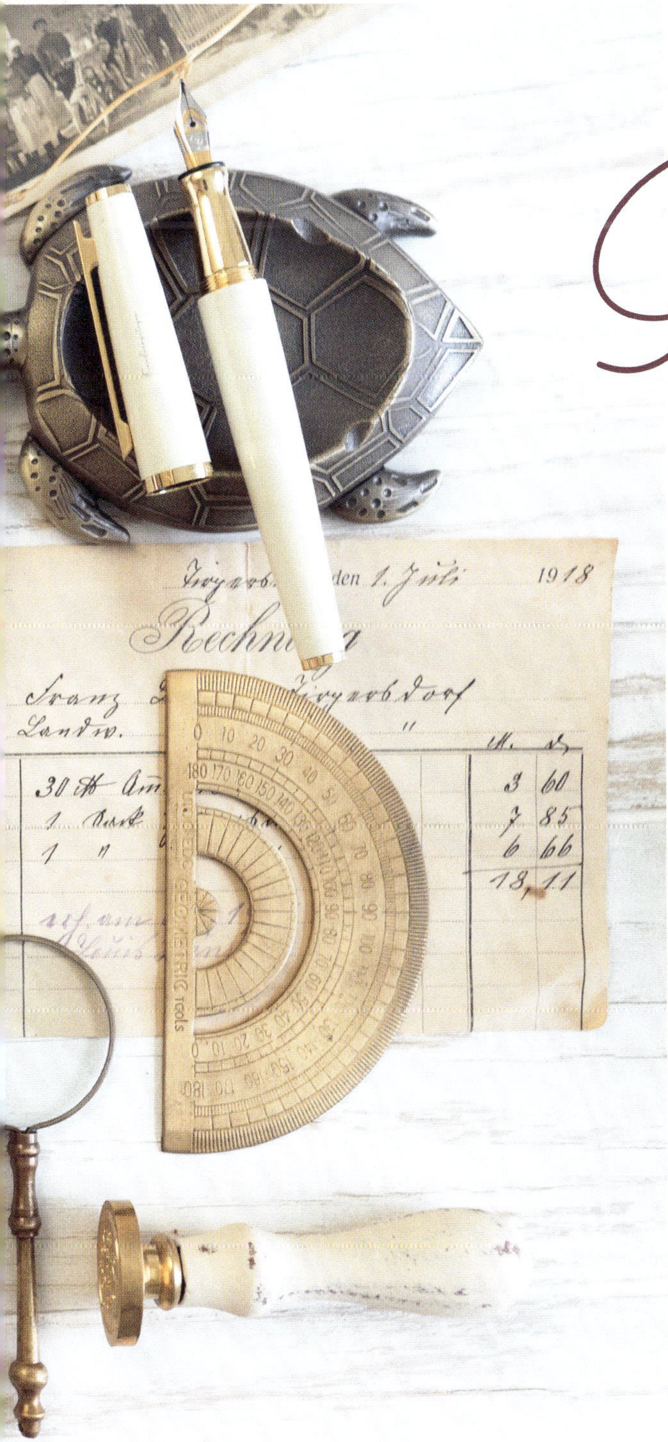

Grundlagen

Was genau verbirgt sich hinter dem Begriff „Journaling“? Und was benötigst du alles dafür? Wenn du das erste Mal mit dem Thema auf den Social-Media-Kanälen in Berührung kommst, kann das anfangs sehr verwirrend sein. Ich versuche, dir hier ein wenig Klarheit zu verschaffen!

ÜBER DAS JOURNALING

Sicher ist dir der Begriff schon häufiger begegnet. Du hast ihn bei Instagram oder Pinterest gesehen, und eventuell hast du es auch schon einmal ausprobiert – das Journaling. Aber was steckt eigentlich hinter diesem englischen Wort, für das es keine rechte Übersetzung im Deutschen gibt?

Im Grunde beschreibt Journaling das Führen eines Tagebuchs. Emotionen und Erinnerungen werden zu Papier gebracht – nicht nur in Worten, sondern auch auf kreative Art mit Fotos, verschiedenen Papieren, Washi Tape und Stempeln. Und damit sind wir auch im Grunde genau bei dem Journaling, wie ich es betreibe und dir näherbringen möchte. Ich sage immer zu denjenigen, die das erste Mal auf meinen Instagram-Account stoßen und mich fragen:

„Sag mal, Julia, was machst du da eigentlich?", dass ich eine Art kreatives Tagebuch führe. Ein Tagebuch im Scrapbooking-Stil. Und das beschreibt das Ganze eigentlich perfekt – ich halte besondere Momente, kleine Ausflüge und große Reisen fest; gestalte die Seiten kreativ, sodass ich irgendwann Jahre später meine kleinen Hefte aus dem Schrank holen und mich wieder an die erlebten Situationen erinnern kann. Ich finde, es gibt nichts Schöneres, als in dieser schnelllebigen Welt kreativ zu sein und all die großen und kleinen, wichtigen und unwichtigen Momente festzuhalten und somit auch niemals wieder zu vergessen – denn sie befinden sich in meinem Memory Keeper.

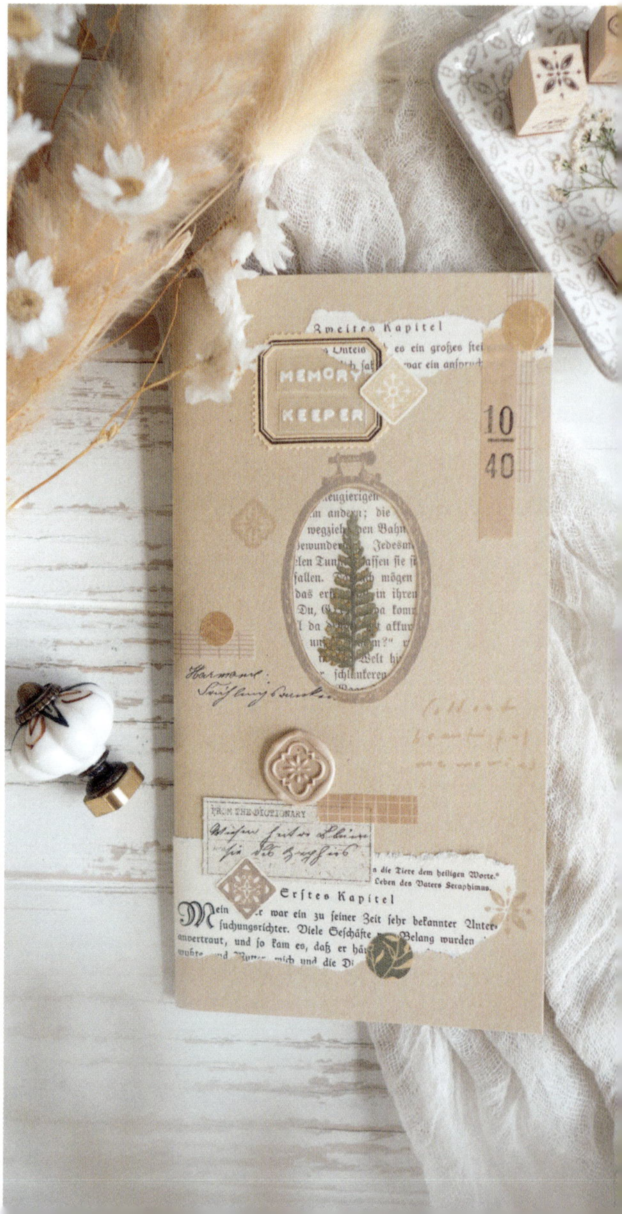

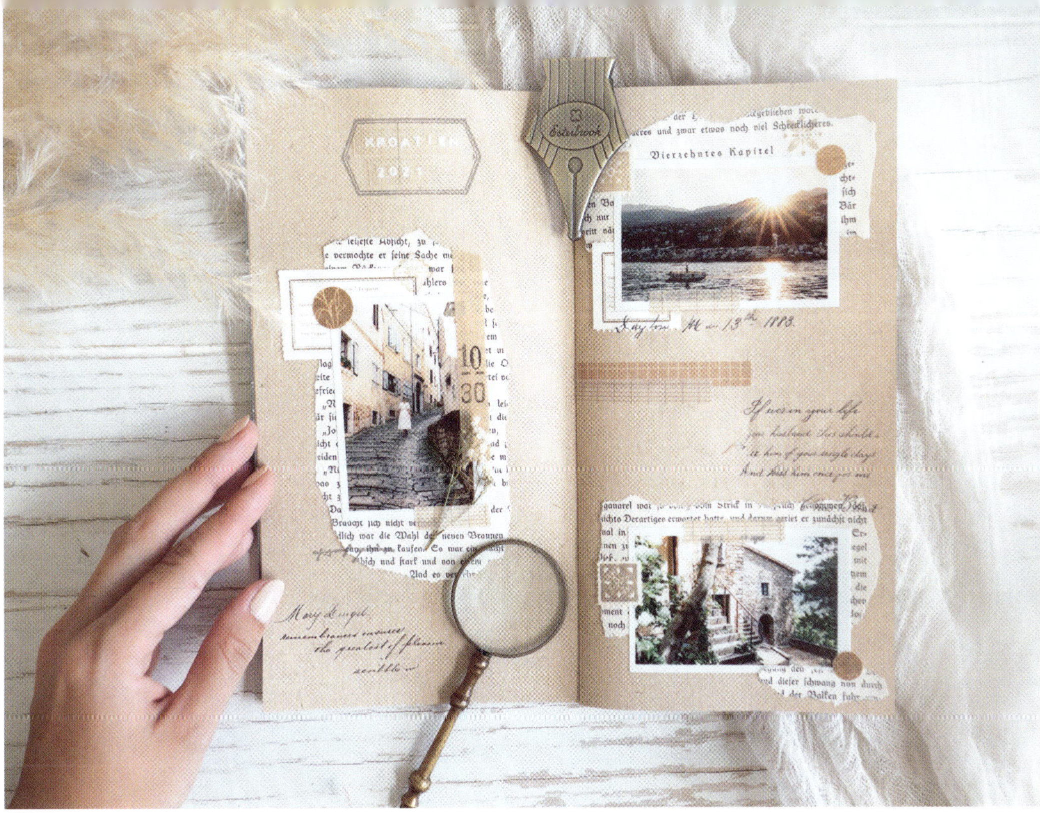

SCRAPBOOK

Das Journaling, so wie ich es betreibe, ist eigentlich nur eine Unterform des Scrapbookings. Das Wort „Scrapbook“ kommt von dem englischen Begriff „scrap“ – also Schnipsel, die dafür verwendet werden, um damit Fotos zu dekorieren und somit Geschichten zu erzählen. Dadurch entsteht ein kreativ gestaltetes Fotoalbum oder auch Journal. In der Regel sind aber Scrapbooks viel bunter dekoriert als Journals im Vintage-Stil.

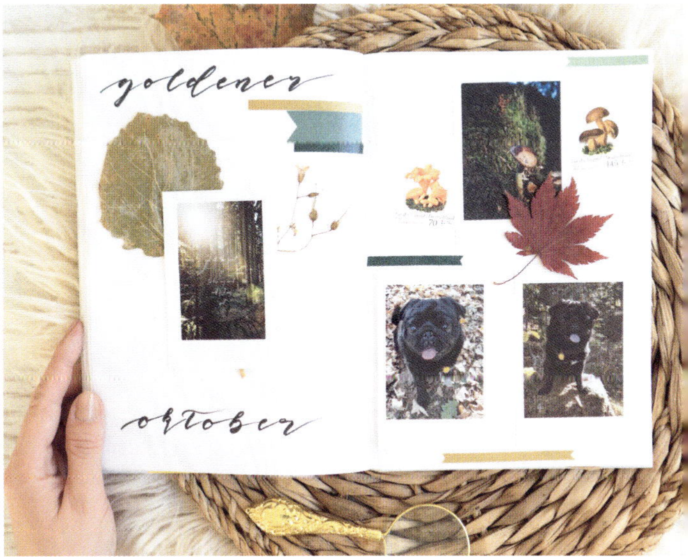

BULLET JOURNAL, TRAVEL JOURNAL ODER JUNK JOURNAL?

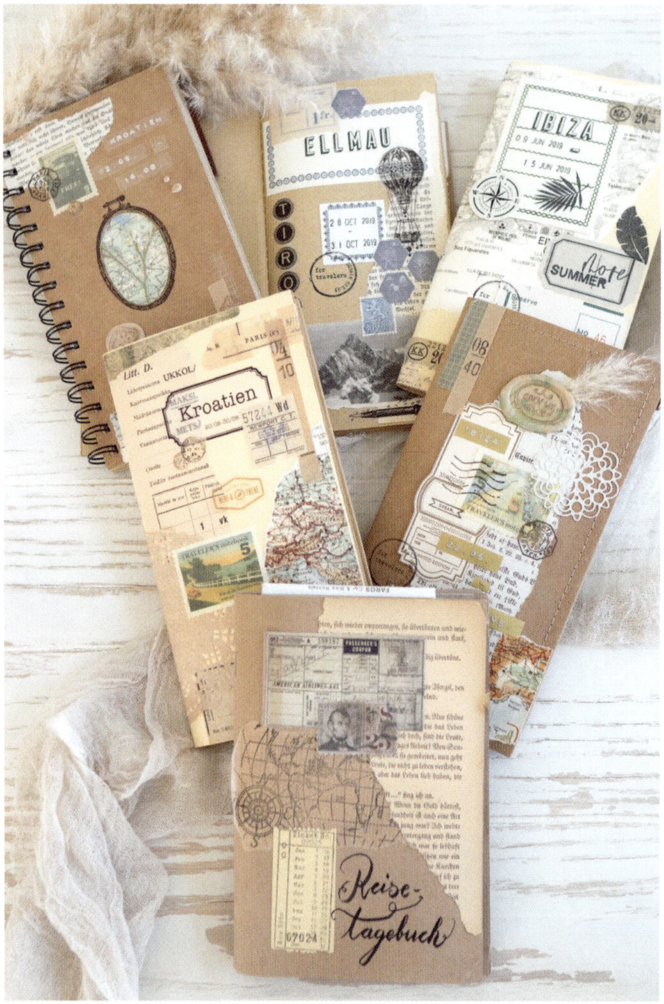

» Bei jeder noch so kleinen Reise fertige ich Reisetagebücher an. Im Laufe der Jahre hat sich dadurch eine schöne Sammlung ergeben.

Das Gute, aber auch das Schwierige an der ganzen Sache ist, dass es keine feste Definition eines kreativen Journals gibt. Journals lassen sich in vielen Bereichen anwenden, und du kannst eine passende Form für dich wählen. Folgende Begriffe werden im Zusammenhang mit Journaling oft erwähnt:

Bullet Journals sind selbst gestaltete Planer, die du nur mit einem Stift und Notizbuch erstellen kannst. Es sind also keine Tagebücher, sondern eben Planer. Da du diesen ja aber selbst gestaltest und keine bestimmten Vorgaben einhalten musst, kannst du darin natürlich auch Ausflüge und Reisen festhalten.

Ein **Travel Journal** ist leicht zu erklären und meine allerliebste Form des Journalings – das Reisetagebuch. Ich betreibe diese Form des Journalings schon sehr lange und freue mich jedes Mal wieder, meine alten Reisetagebücher durchzublättern.

Ein **Junk Journal** ist die kreativste Form des Journalings, denn es ist völlig losgelöst von jeglichen Vorgaben. Bei Junk Journals kommen meist verschiedene Papiere in einem Heft zum Einsatz, diese müssen nicht einmal alle die gleiche Größe aufweisen. Es wird einfach ganz frei und kreativ gestaltet – nicht unbedingt, um irgendetwas zu dokumentieren, sondern einfach nur, um sich kreativ auszutoben.

IDEENSAMMLUNG

Da hat man sich ein wunderschönes neues Heft gekauft oder auch selbst genäht (ich werde dir in einer Anleitung zeigen, wie so etwas geht), und dann sitzt man davor und weiß einfach nicht, wie man anfangen soll. Damit dir das nicht passiert und du immer ein paar Ideen parat hast, worüber du dein Journaling betreiben kannst, habe ich für dich ein paar gesammelt:

- Reisen
- kleine Ausflüge wie Wanderungen, eine Stadt besichtigen oder auch in einem schönen Restaurant essen gehen (darüber führe ich meist meine Journals, wenn ich kein Reisetagebuch mache)
- Schwangerschaft
- erstes Babyjahr + Meilensteine
- Hochzeit
- Grundschulzeit
- Besondere Anlässe: Feiern, Geburtstage, Taufe, Konfirmation, Jugendweihe
- Garten
- Hausbau
- Rezepte
- Handarbeiten
- mein Haustier
- Alltag

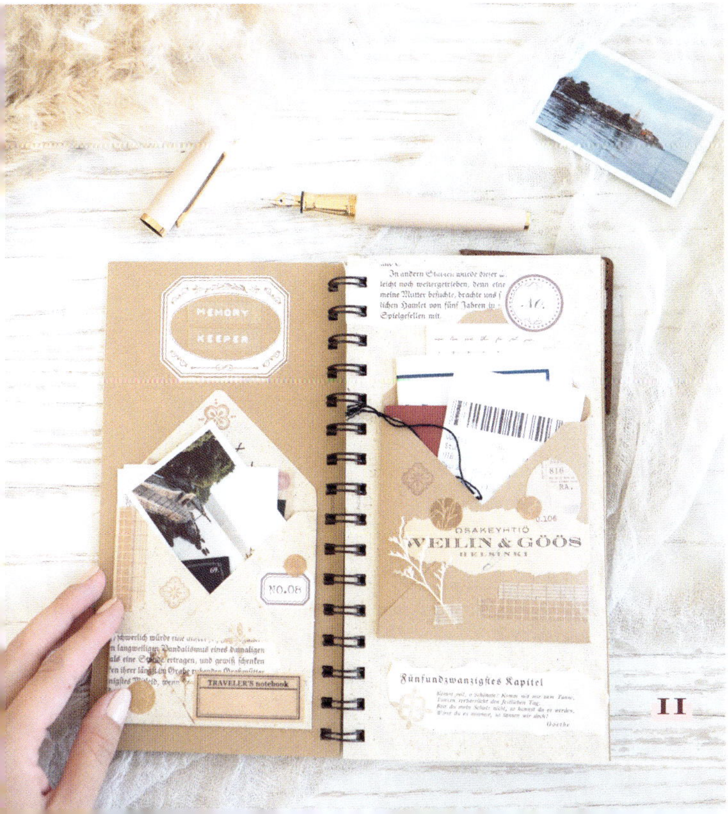

TIPP

Du musst nicht für jedes Thema ein Journal anlegen, natürlich kannst du auch verschiedene Themen in einem Journal zusammenführen. Das kannst du dann z.B. auch „Mein Jahr…" nennen. Dicke Notizbücher wie für das Bullet Journaling eignen sich wunderbar dafür.

STILFINDUNG

Wenn du dich in den sozialen Netzwerken umsiehst, kannst du viele verschiedene Journaling-Stile finden. Minimalistisch, bunt, akkurat, wild mit verschiedenen Schriften und eben auch vintage. Der Vintage-Stil ist derjenige, der sich in meinen Journals wiederfindet. Da ich einen Gegenpol zur digitalen, modernen Welt in meinen Heften schaffen möchte, ist für mich dieser Stil am passendsten. Und ich war schon immer diejenige, die einen alten Sekretär einem modernen Schreibtisch, ein altes Haus mit Fensterläden einem Neubau und einen Oldtimer einem Elektroauto vorzieht. Letztendlich sollst du dich in deinen Journals widerspiegeln und den Stil finden, der zu dir passt. Ich werde hier in diesem Buch auf den Vintage-Stil eingehen.

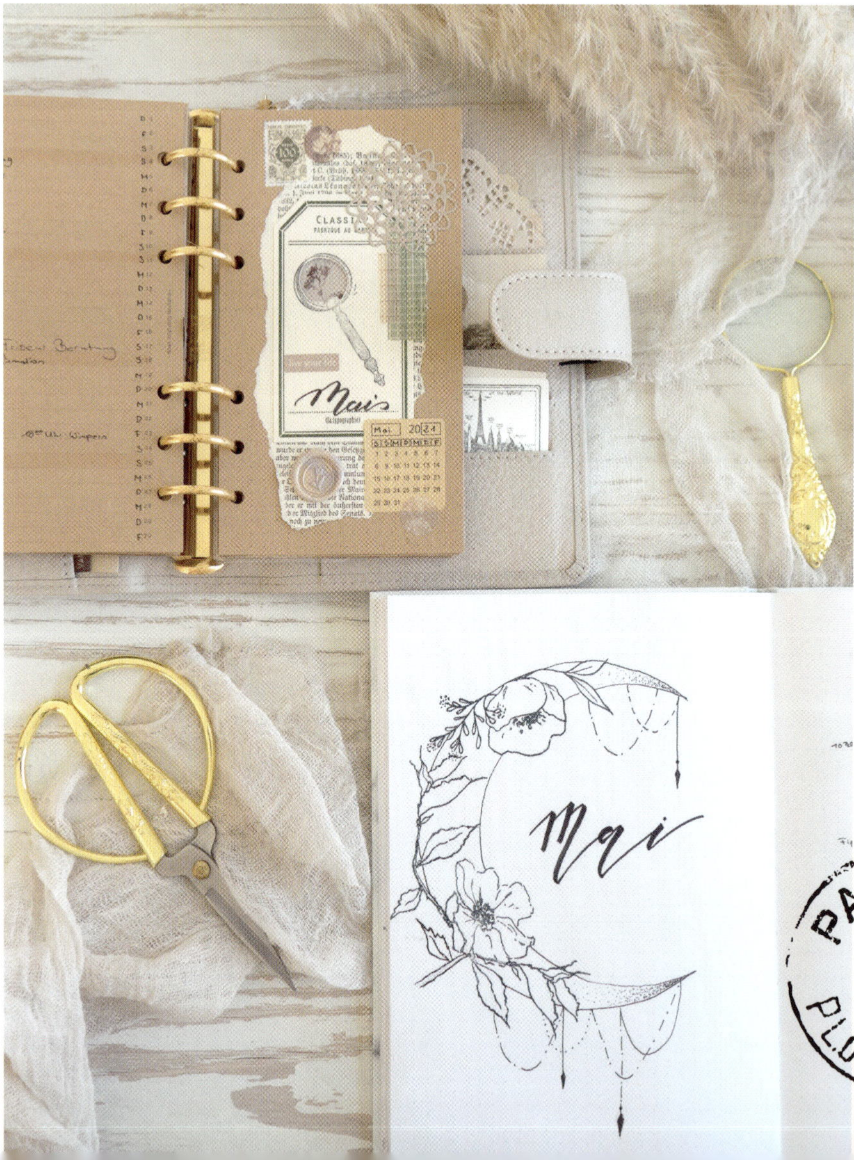

» 2018
wollte ich noch „minimalistisch“ dekorieren (siehe Beispiel „Mai“ rechts unten), mittlerweile bin ich beim Vintage-Stil hängen geblieben.

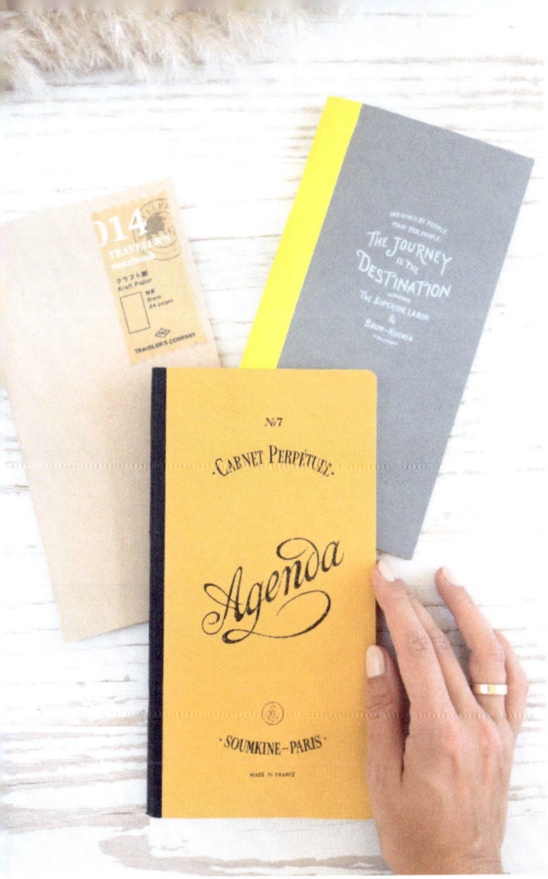

MATERIALIEN

Im Grunde brauchst du am Anfang nicht super viele Materialien, es reichen eigentlich – so wie auch beim Bullet Journal – nur ein Heft und ein Stift und naja – ein klein wenig Deko, damit aus dem Tagebuch auch ein kreatives Tagebuch wird! Aber wie das eben so ist, du wirst schnell feststellen, womit du gerne deine Seiten gestalten möchtest und womit eher nicht. So kannst du dich mit Materialien ausstatten, die deinem persönlichen Geschmack entsprechen.

NOTIZHEFT

Fangen wir gleich mit dem Wichtigsten an – die Notizhefte. Die gute Nachricht ist: Du kannst jedes Notizheft, das es auf dem Markt gibt, für dein Journal verwenden. Es gibt aber auch spezielle Hefte mit besonderem Papier, die extra für das Journaling hergestellt werden.

Gerade Traveler's Company (ehemals Midori) hat sich auf das Journaling spezialisiert und eine ganze Bewegung mit seinen Produkten ins Leben gerufen. Mit den in Ledereinbänden gesammelten Traveler's Notebooks haben sie gerade für Reisende perfekt abgestimmte Hefte für jeden Geschmack entwickelt. Obwohl Traveler's Company ein japanischer Hersteller ist, sind die Produkte auch in Deutschland erhältlich.

(Bei *www.kiroku.de* oder *www.luiban.de* wirst du garantiert fündig!)

Das Papier, das dein Heft letztendlich haben sollte, ist natürlich Geschmackssache. Ich persönlich liebe Kraftpapier in Kombination mit einem Punkteraster. Aber auch kleine karierte Seiten – wie man sie beispielsweise bei den wunderschönen Heften von Soumkine Paris *(www.soumkine.com)* vorfindet – haben einen ganz besonderen Charme. Bei selbst genähten Heften kannst du verschiedene Papiersorten in ein Heft zusammenfügen – die perfekte Grundlage für ein Junk Journal.

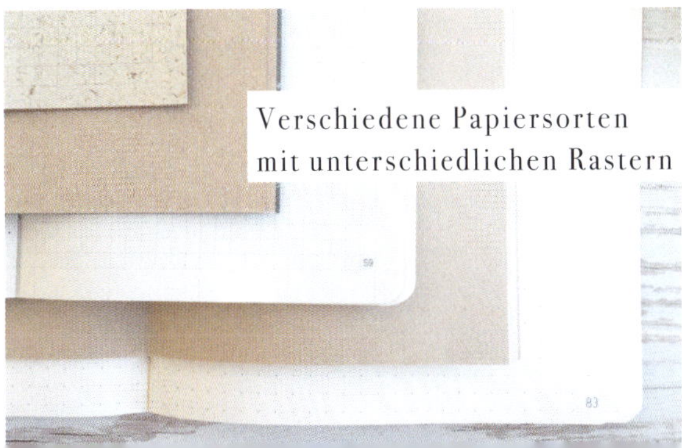

Verschiedene Papiersorten mit unterschiedlichen Rastern

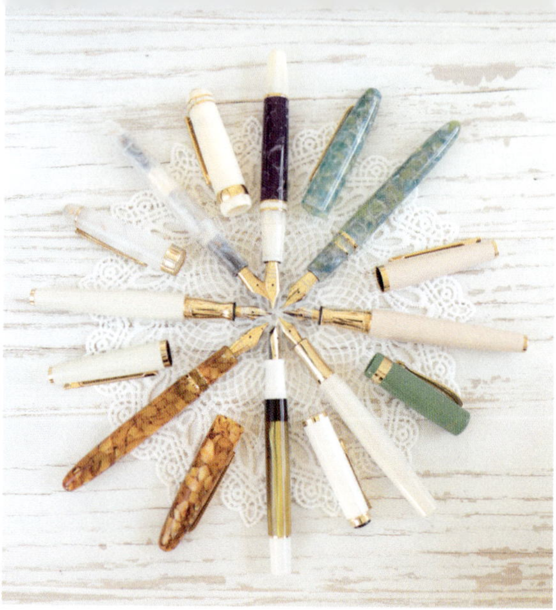

STIFTE

Im Prinzip reicht ein einziger guter Stift, der angenehm in der Hand liegt, mit deiner liebsten Farbe schreibt und nicht schmiert, für dein Journal. Ich schreibe am liebsten mit einem Füller, da ich das Schriftbild damit einfach am schönsten finde, benutze aber auch gerne mal schwarze Fineliner.

Bei einem **Füller** ist es wichtig, dass die Feder nicht zu breit ist, wenn man eine kleine Schrift hat, da das Ganze sonst schnell unordentlich aussieht. Die Feder sollte nicht über das Papier kratzen, und der Tintenfluss darf während des Schreibens nicht unterbrochen werden. Ein angenehmes weiches Schreibgefühl habe ich bei den Esterbrook Füllern festgestellt. Aber auch deutsche Marken wie Otto Hutt, Pelikan und Kaweco stellen hochwertige Füller in jeglichen Formen und Farben her, sodass jeder ganz bestimmt seinen perfekten Füller zu dem Preis findet, den er bereit ist, dafür auszugeben. Mit verschiedenen Tinten kannst du dein Schriftbild an deine Deko anpassen. Ich finde – gerade auf cremeweißem Papier – auch braune Tinte wunderschön und passend zum Vintage-Stil.

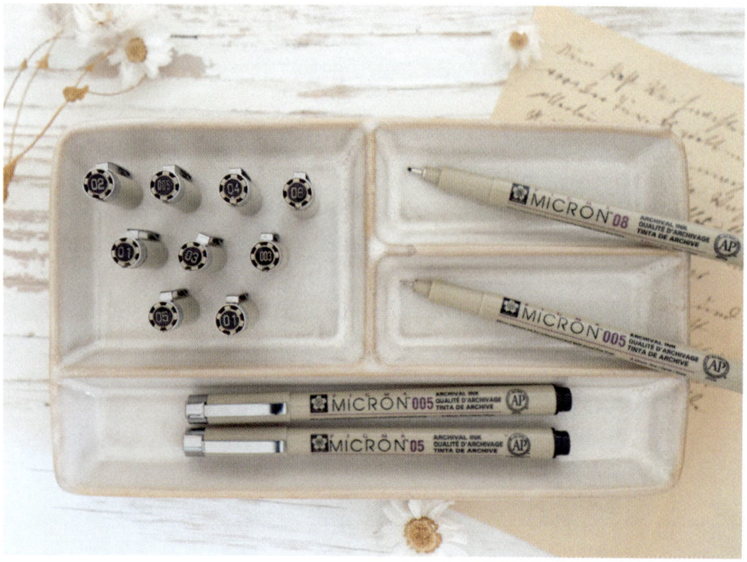

Bei den **Finelinern** benutze ich ausschließlich die Pigma Microns von Sakura in Schwarz. Es gibt sie in verschiedenen Stärken, sie sind wasserfest und schreiben sehr gut. Wenn du deine Seiten noch ein wenig aufpeppen möchtest, kannst du das sehr gut mit einem schönen Handlettering und/oder Brushlettering. Für das Handlettering kann ich dir die Sakura Microns nochmals ans Herz legen. Brushpen-Hersteller gibt es mittlerweile einige auf dem Markt. Ich besitze nicht viele **Brushpens**, aber diejenigen, die ich habe, sind alle von Tombow, und ich finde die Farbauswahl hier überragend und die Qualität überzeugt mich ebenso.

KLEBER

Gleich vorweg: Ich bin überhaupt kein Freund von Flüssigklebern und würde sie dir für das Journaling auch nicht empfehlen! Sie trocknen sehr langsam, machen die Seiten wellig und hinterlassen Flecken auf empfindlichen Papiersorten. Deshalb nutze ich seit einigen Jahren sogenannte Kleberoller. Sie sehen aus wie eine Tipp-Ex-Maus und sind ebenso leicht zu bedienen. Du findest solche Roller beispielsweise in der Fotoabteilung von Drogeriemärkten oder im Internet. Ich kaufe mittlerweile fast ausschließlich den Kleberoller von Tesa mit permanenter Haftung.

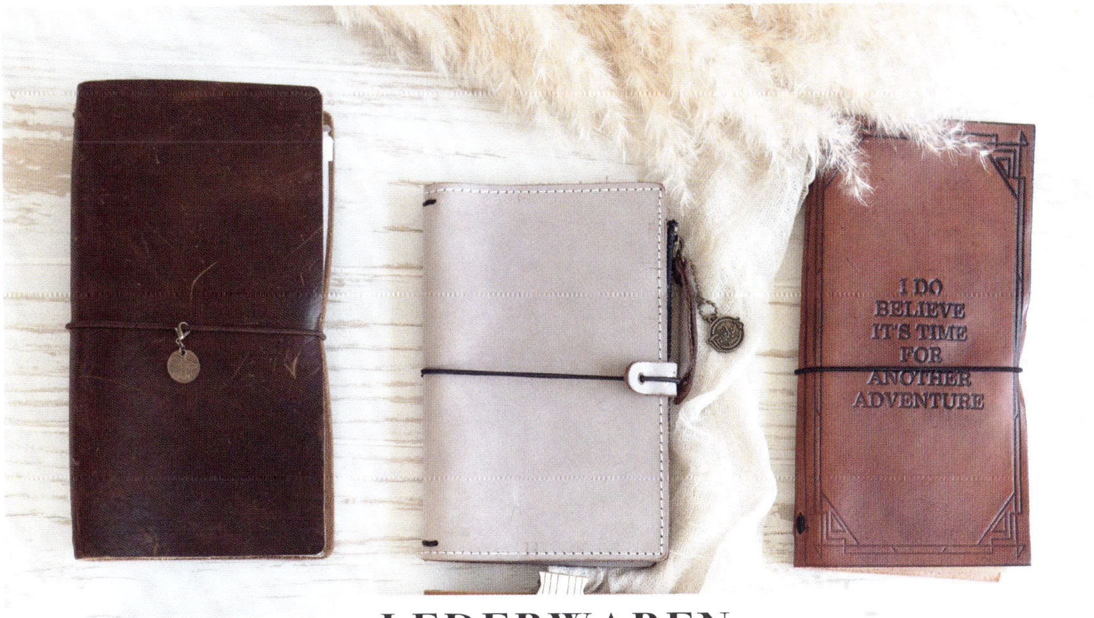

LEDERWAREN

Für Reisen kann ich dir ein gutes sogenanntes Traveler's Notebook Cover (kurz TN Cover) aus Leder empfehlen. Damit sind deine liebevoll gestalteten Journaling-Hefte bestens geschützt. Du kannst deinen Lieblingsstift dazupacken und ein paar kleine Dekoelemente gleich mit. So ein Cover ist eine kleine Investition, aber ich verspreche dir, dass du den Kauf nicht bereuen wirst. Ich verrate dir hier, wo du schöne Lederwaren finden kannst:

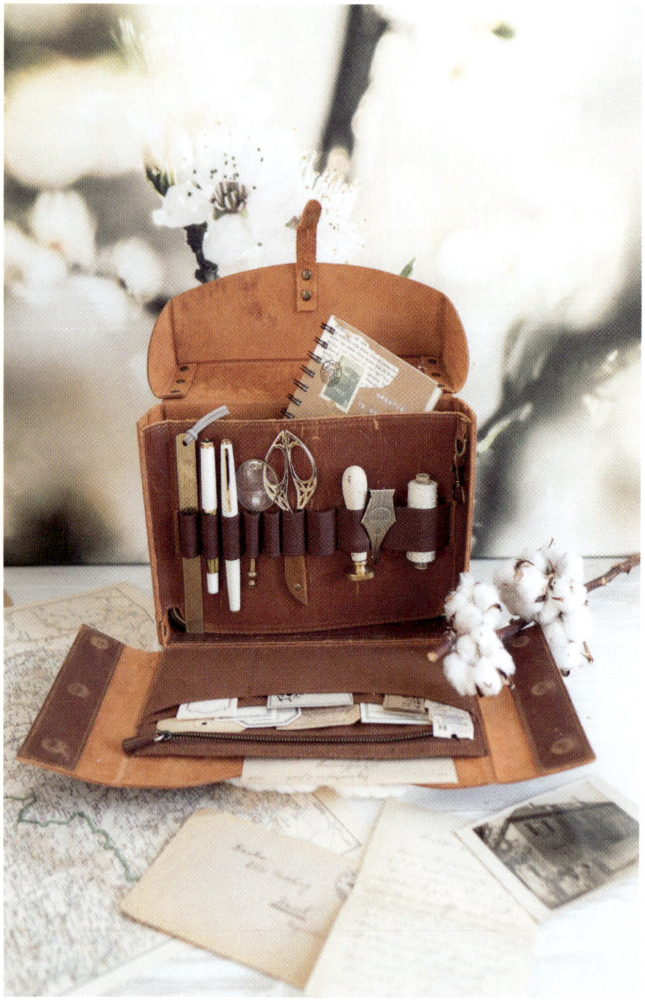

TRAVELER'S COMPANY – DAS ORIGINAL
Es gibt einen Ledereinband mit einem Gummi in der Mitte, der Hefte, Folder oder auch Klarsichtfolien im Einband hält. Wenn sich mehrere Hefte usw. darin befinden sollen, besteht die Möglichkeit, weitere Gummis dazuzukaufen. Der Ledereinband ist wie eine Art Baukastensystem, das du nach und nach erweitern kannst.
www.kiroku.de oder *www.luiban.de*

NAYA PAPERIE (ETSY)
Ein kleiner Shop aus Tunesien, der auch auf Etsy anzutreffen ist. Die Shopbetreiberin Nesrine hat eine große Auswahl von fertigen Journal Covern in verschiedenen Größen und wunderschönen Ledersorten in ihrem Shop. Sie stellt auch auf Wunsch Cover nach Maß her.
www.nayapaperie.com oder via *www.etsy.com*

VAN DER SPEK
Ein Shop aus den Niederlanden, welcher sowohl Ringbuchplaner als auch TN Cover verkauft. Du hast dort die Möglichkeit, dir dein Cover nach deinen Wünschen vom Leder über die Stiftschlaufen bis hin zur Nahtfarbe herstellen zu lassen. Die Shopbetreiberin Petra macht ungelogen alles möglich und liefert richtige Premiumware – was sich dann aber natürlich auch auf den Preis niederschlägt.
www.vdsshop.com

GALEN LEATHER
Mein absoluter Lieblingsshop, was Lederwaren angeht. Hier findest du nicht nur die typischen TN Cover, sondern auch andere sehr innovative Produkte für das Journaling auf Reisen. Meine Favoriten aus dem Shop sind das A5 Zippered Folio – eine Ledermappe, in der mehrere Stifte, Dekoelemente und natürlich das Journal ihren Platz finden – und die Writer‘s Medic Bag. Das ist eine eigens für das Journaling hergestellte Tasche mit viel Platz für Stifte, Deko und das Journal. Mein allerliebstes Produkt fürs Journaling! Beachte beim Shoppen, dass die Produkte aus der Türkei zu dir nach Deutschland kommen und zusätzlich Zollgebühren anfallen werden.
www.galenleather.com

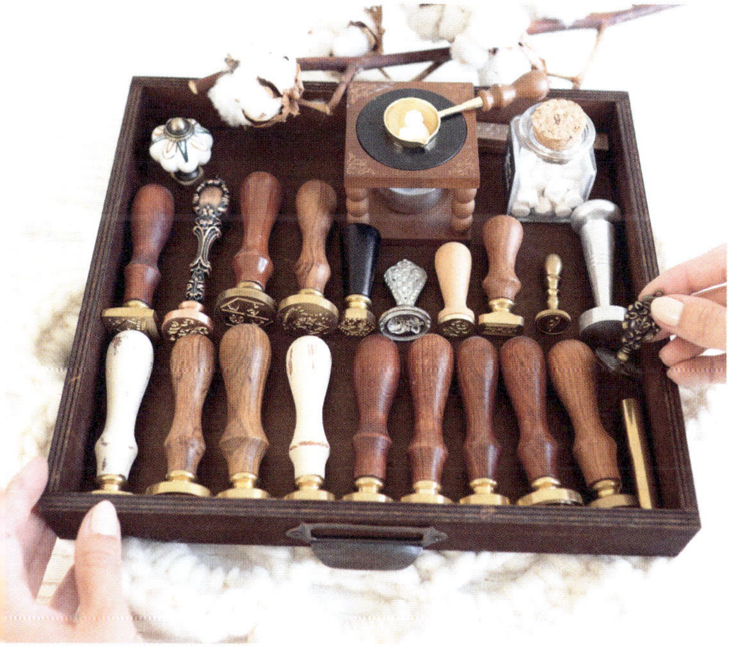

WACHSSIEGEL

Jetzt geht es an die Dekomaterialien. Ein Lieblingselement, welches ich nicht nur für meine Briefe, sondern auch für meine Journals verwende, ist das Wachssiegel. Die Auswahl hier ist wirklich riesig. Ich verwende Wachssiegel meist für den Einband meiner Hefte. Auf den Innenseiten kommen sie bei mir selten vor, da die Siegel recht dick sind. Das Siegelwachs gibt es sowohl als kleine Perlen, die du in einem Schmelzlöffel über einer Flamme erhitzen kannst, als auch als Stangen, die du zusammen mit einer kleinen Siegelwachspistole – ähnlich einer Heißklebepistole – verwenden kannst. Wie genau du den perfekten Siegelabdruck hinbekommst, erkläre ich dir im Technikkapitel.

STEMPEL

Wenn du noch ganz am Anfang stehst und dir überlegst, was du dir für Dekorationsmaterialien kaufen solltest, würde ich dir auf jeden Fall Stempel empfehlen. Stempel sind so vielseitig einsetzbar – du kannst entweder direkt deine Seiten bestempeln, aus Stempelabdrücken Sticker basteln oder kleine Dekoelemente, indem du verschiedene Papiere bestempelst und den dabei entstandenen Abdruck dann ausschneidest. Wie du mit Stempeln ganz leicht Sticker herstellen kannst, zeige ich dir auf Seite 44. Stempel gibt es in verschiedenen Formen – einerseits aus Gummi und montiert (meist auf Holz, manchmal aber auch Keramik o. ä.) und somit sofort einsetzbar und andererseits aus Silikon (sogenannte Clear Stamps), welche du mit Hilfe eines Acrylblocks benutzt. Im Technikkapitel zeige ich dir, wie du welche Stempelform nutzen kannst.

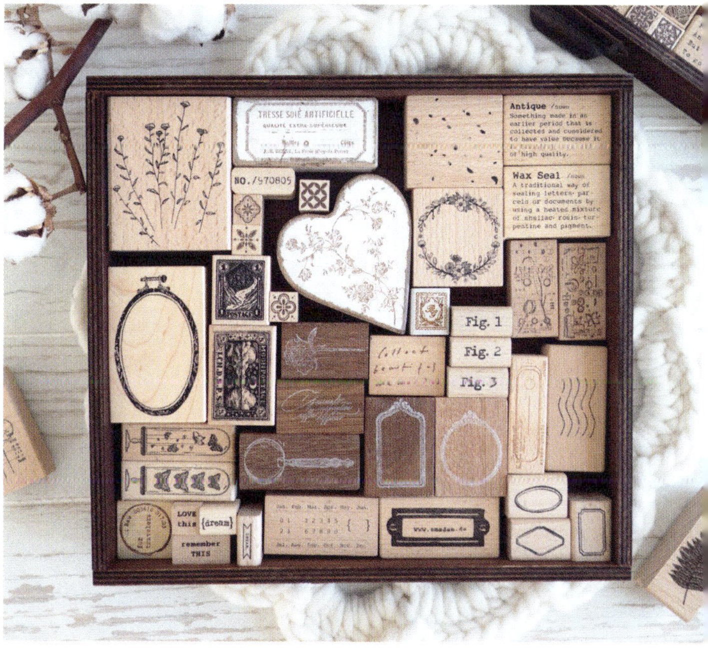

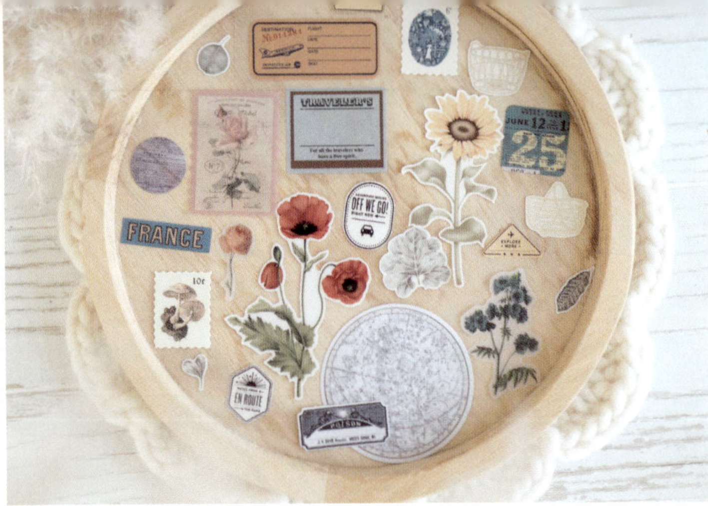

STICKER, WASHI TAPE

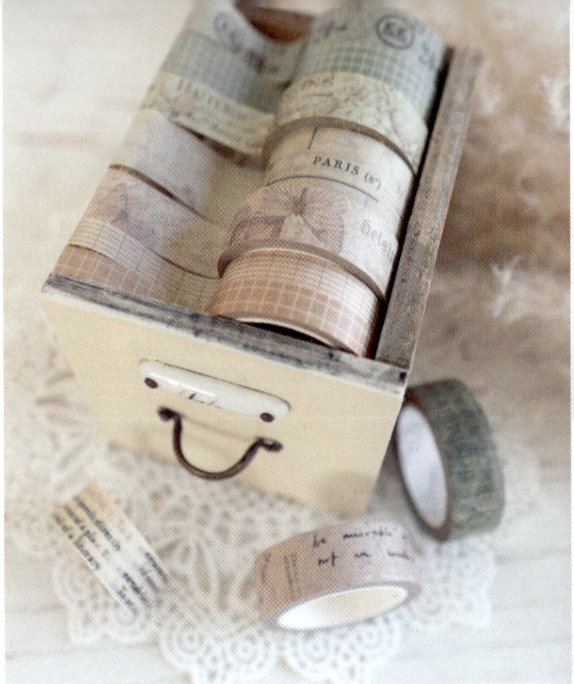

Sticker und Washi Tape sind eine gute und schnelle Möglichkeit, um eine Journal-Seite schön zu dekorieren. Es gibt mittlerweile unendlich viel Auswahl auf dem Markt, und man findet schon in den kleinsten Schreibwarengeschäften ein paar schöne Sticker und/oder Washi Tapes. Sticker dürfen bei mir niemals fehlen. Ich liebe vor allem Blumensticker im Vintage-Stil.

Washi Tape nutze ich dafür eher selten. Ich mag neutrale Washi Tapes mit einem Karomuster in Erdtönen. Man merkt, wie gesagt, einfach mit der Zeit, was man lieber für seine Dekoration nutzt und was nicht – es ist also völlig okay, am Anfang nicht gleich alles zu horten, was man im Shop an sich toll findet, sondern erst einmal zu schauen, ob das Dekoelement auch wirklich was für einen ist.

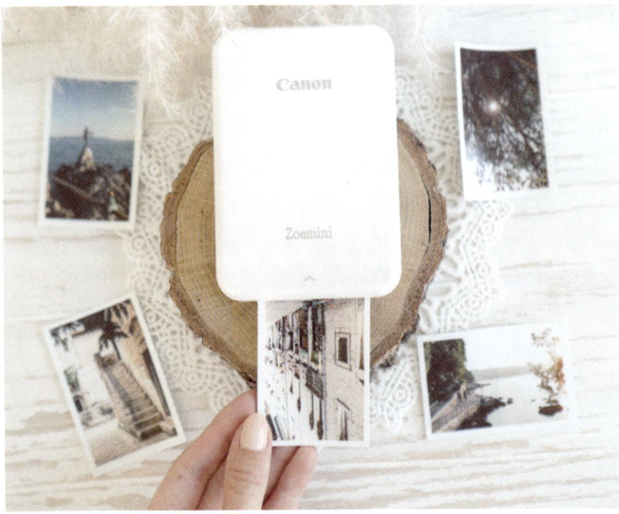

Mit meinem kleinen Fotodrucker von Canon kann ich überall und jederzeit meine Fotos vom Handy für das Journal ausdrucken.

FOTOS

Bei meinen Dekorationen dürfen Fotos nicht fehlen. Schließlich fotografiere ich für mein Leben gerne und möchte meine Erinnerungen festhalten – womit sollte das denn besser gehen als mit Fotos? Für schöne kleine Fotos, die nicht zu viel Platz in deinen Heften wegnehmen, gibt es verschiedene Möglichkeiten:

SOFORTBILDKAMERA

Die analogste Variante überhaupt ist eine Sofortbildkamera. Mit ihr macht das Fotografieren unheimlich Spaß! Es gibt immer einen Überraschungseffekt, wie das Bild dann letztendlich aussieht. Der Nachteil ist, dass man zusätzlich zur Fotokamera und/oder zum Handy immer noch die Sofortbildkamera dabeihat, um dann schöne Fotos in sein Journal zu kleben. Aber das Zusatzgepäck lohnt sich.

MOBILER FOTODRUCKER

Ich habe den Drucker immer dabei, kann auf meinem Handy in Ruhe die Fotos auswählen, die ins Journal kommen und sie sogar noch vorher bearbeiten. Die Qualität ist für den kleinen Drucker wirklich gut, und ich halte das Bild innerhalb von Sekunden in der Hand.

FOTOABZÜGE ONLINE BESTELLEN

Es gibt einige Anbieter im Internet, die über die Standardgrößen hinaus auch kleinere Formate für Abzüge anbieten. Vor allem empfehlen kann ich dir die Firma Lalalab (*www.lalalab.com*), welche auch eine App anbietet, in der du bequem Fotos im Format einer Sofortbildkamera bestellen kannst. Es gibt hierbei zwei große Vorteile: Deine Bilder haben eine einwandfreie Qualität, und die Kosten sind pro Abzug geringer als bei den Fotos, die du sofort in den Händen hältst.

Der Nachteil ist – wie du dir es wahrscheinlich schon denken kannst – dass man eben auf die fertigen Fotos ein paar Tage warten muss und sie nicht direkt für seine Dekorationsideen nutzen kann.

MATERIALIEN, DIE NICHTS (ODER KAUM ETWAS) KOSTEN

Die besten Dinge sind doch die, die man sowieso schon zu Hause hat, für die man kein Geld ausgeben muss oder die nur wenig Geld kosten. Ich habe auf dem Dachboden meiner Oma einige alte Bücher gefunden, die halb auseinandergefallen waren – zum Wegwerfen viel zu schade, denn solche Bücher liefern dir perfektes Vintage-Papier zum Dekorieren! Auch alte Fotos oder alte Gebrauchsanweisungen finden sich dort manchmal. Aber bitte reiße jetzt kein Foto von der geliebten Großmutter aus dem wertvollen Fotoalbum – mir geht es um Dinge, die man normalerweise nicht mehr behalten würde.

Auch auf Flohmärkten lohnt es sich, stöbern zu gehen! Ich habe dort schon alte Briefe, Postkarten, Zeitschriften und Bücher gefunden, und es hat mich nur ein paar Euro gekostet. Blumen aus dem Garten oder vom Wegrand im Urlaub (bitte achte darauf, was man pflücken darf und was verboten ist) kannst du pressen, um sie dann später zu Dekorationszwecken zu nutzen. Deine Seiten wirken dadurch noch interessanter.

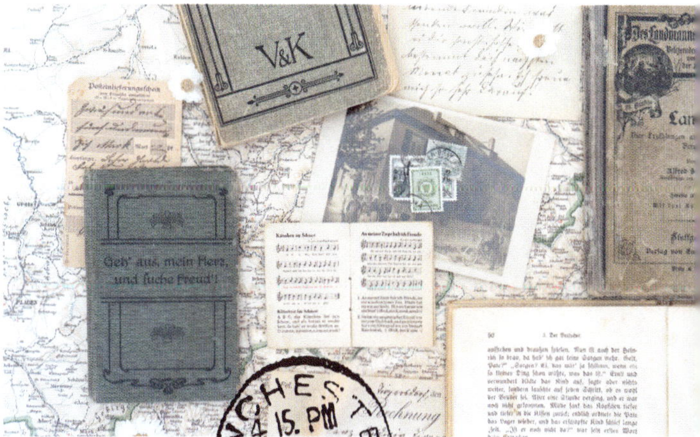

MATERIAL- & BEZUGSQUELLEN

Um Material für das Journaling zu finden, muss man teilweise wirklich lange suchen, besonders, wenn man etwas Spezielles kaufen möchte. Mittlerweile gibt es aber durchaus einige Shops (auch in Deutschland), in denen du garantiert fündig wirst! Meine Favoriten möchte ich dir natürlich nicht vorenthalten!

INTERNATIONALE SHOPS

www.journal-pages.com
Ich zähle dir hier wirklich nur die Crème de la Crème an Shops auf, und dieser hier ist garantiert ganz vorn dabei! Ein großartiges Sortiment mit Wachssiegeln, Notizkarten und Holzstempeln! Der Shop ist aus Malaysia – das heißt, du solltest mit Zollgebühren rechnen, allerdings sind die Preise an sich vollkommen okay.

www.noteandwish.com
Hier findest du mein allerliebstes schlichtes kariertes Washi Tape und mein liebstes beiges ananasförmiges Siegelwachs. Auch hier musst du den Zoll dazurechnen, da sich der Shop in Großbritannien befindet.

www.cafe-analog.nl
Ein niederländischer Shop mit einer großen Auswahl an Stempeln, Notizbüchern, Ledercover und so weiter. Gerade wenn man am Anfang steht, lohnt es sich, einen Blick in das Sortiment zu werfen. Hier wird man garantiert fündig!

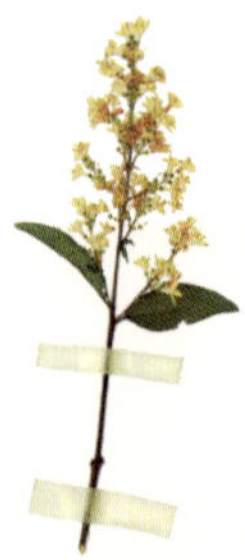

SHOPS IN DEUTSCHLAND

www.kiroku.de
Ein wunderbarer Onlineshop für das Journaling aus Leipzig. Die Inhaberin Su Na ist ein herzlicher Mensch, und man merkt, dass sie ihren Shop liebt! Gerade Artikel aus dem asiatischen Raum, an die man normalerweise hierzulande schwer rankommt, sind in ihrem Shop vertreten.

www.laulispapeterie.eu
Die liebe Lauli hat seit 2021 ihren Shop vergrößert und führt mittlerweile sehr viele Artikel bekannter Marken im Scrapbooking- und Journaling-Bereich. Hier findet man Stempel, Sticker und sogar verschiedene Tinten für den Füller! Das Sortiment wird immer wieder erneuert.

www.luiban.de
Ein kleiner Laden aus Berlin, der auch einen gut sortierten Onlineshop betreibt. Hier wird man schnell fündig, wenn man auf der Suche nach Notizbüchern und Ledercover ist.

www.emadam.de
Dieser Shop hat die allerschönsten Stempel, die es in Deutschland zu finden gibt. Aber nicht nur das – auch Notizkarten und Notizhefte gibt es hier in Hülle und Fülle!

www.siegelboutique.com
Hier findest du alles, was das Siegelherz begehrt. Wachssiegel mit Motiv, selbst entworfen oder semi-individuell. Dazu noch Siegelwachs in vielen Farben sowohl als Pellets als auch als Stangen, Schmelzlöffel, Siegelwachspistolen und und und … Mein eigenes Siegel, das ich zusammen mit der Shopbetreiberin Ina entworfen habe, kannst du dort auch kaufen!

www.penoblo.de
Mein absoluter Favorit, wenn es um Füller geht! Das große Sortiment ist wirklich beeindruckend, du findest hier die schönsten Füller, von Kaweco über Otto Hutt bis hin zu Esterbrook. Und dazu auch noch Tinten in den verschiedensten Farben.

Itsjunli via www.etsy.com
Junli ist nicht nur eine großartige Künstlerin und mir auch mittlerweile eine Freundin geworden, sie betreibt auch noch einen wunderschönen Stickershop mit eigenen Designs, die absolut einzigartig sind. Vorbeischauen lohnt sich!

TECHNIKEN

Journaling ist eine leichte Art und Weise, um sich künstlerisch kreativ auszutoben. Es gibt keine schwierigen Techniken, die man beherrschen muss. Alles, was man benötigt, sind tolle Ideen und geeignete Materialien. Es gibt dennoch ein paar Tipps und Tricks, die ich dir näherbringen möchte, sodass du deine Seiten – die sogenannten Journal Spreads – schön und originell gestalten kannst.

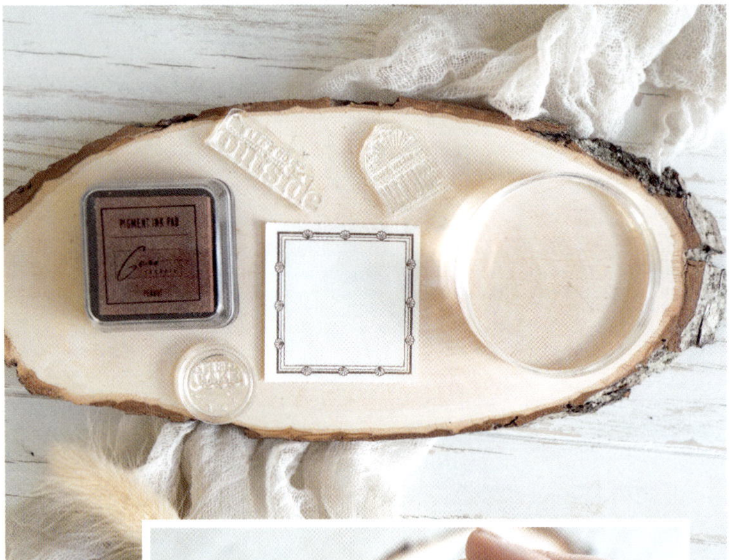

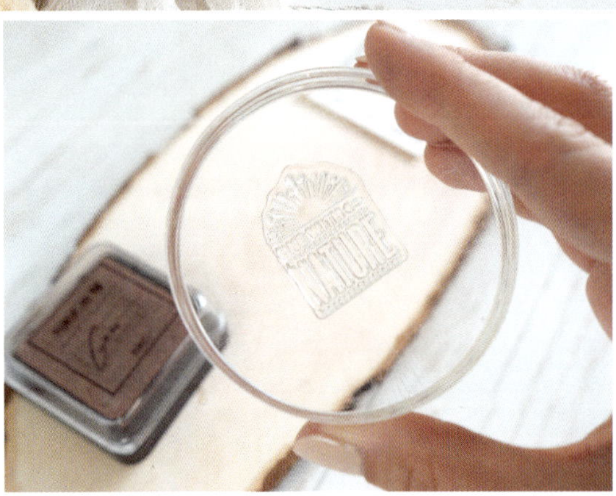

STEMPELN

Das Prinzip des Stempelns ist einfach: Stempel nehmen, Farbe drauf, stempeln – fertig! Alles, worauf du achten musst, ist, dass der Untergrund schön eben ist und dass du die Stempelfarbe vollständig auf dem gesamten Motiv applizierst.

Wenn es sich allerdings nicht um die montierten, sondern um die sogenannten Clear Stamps handelt, habe ich bei meinen Posts auf Instagram schon sehr oft die Frage bekommen: „Wie benutze ich die eigentlich?“

Clear Stamps funktionieren genauso gut wie Holzstempel. Nur musst du diese lustigen wabbeligen Silikonstempel, bevor du sie benutzt, noch auf eine geeignete Unterlage montieren. Am besten funktioniert dies mit den eigens dafür hergestellten Acrylblöcken. Das Silikon der Stempel hält problemlos an der glatten Oberfläche.

Nach Benutzung lassen sie sich ohne Rückstände ablösen und beliebig oft wiederverwenden. Der Vorteil dieser Stempel ist, dass du durch die transparenten Materialien genau siehst, wo du deinen Abdruck platzieren wirst. Außerdem sind sie viel platzsparender als Holzstempel – sehen aber fotografiert natürlich nicht so schön aus.

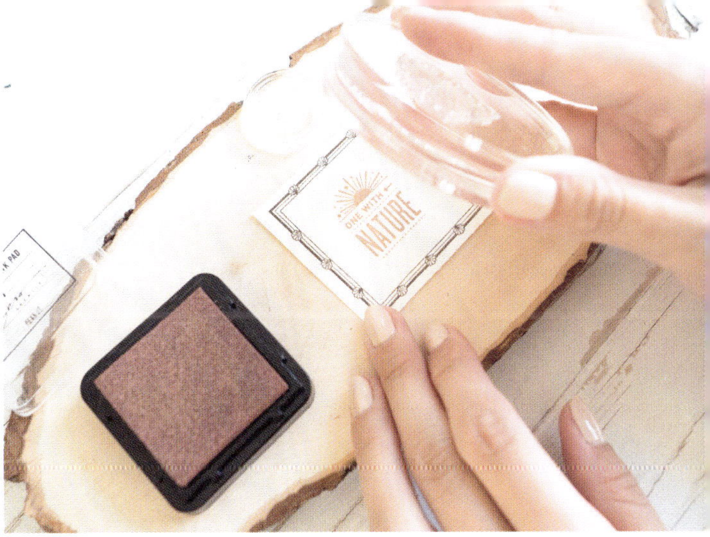

EIN WACHSSIEGEL ERSTELLEN

Wenn du mich von Instagram kennst, weißt du ja bereits, dass ich ein großer Fan von Wachssiegeln bin. Ich finde, sie sind einfach etwas Besonderes und gerade, wenn du den Vintage-Stil magst, wirst du den Effekt von Wachssiegeln lieben. Siegelwachs gibt es nicht nur in wunderschönen unterschiedlichen Farben, sondern auch in verschiedenen Varianten. Besonders gute Ergebnisse erzielst du entweder mit den kleinen Nuggets oder mit Stangen, die du mit einer Siegelwachspistole verwenden kannst.

Ein schöner gleichmäßiger Siegelabdruck ist anfangs nicht so leicht zu erzielen, aber mit etwas Übung und meinen Tipps bekommst du es bestimmt ganz schnell gut hin!

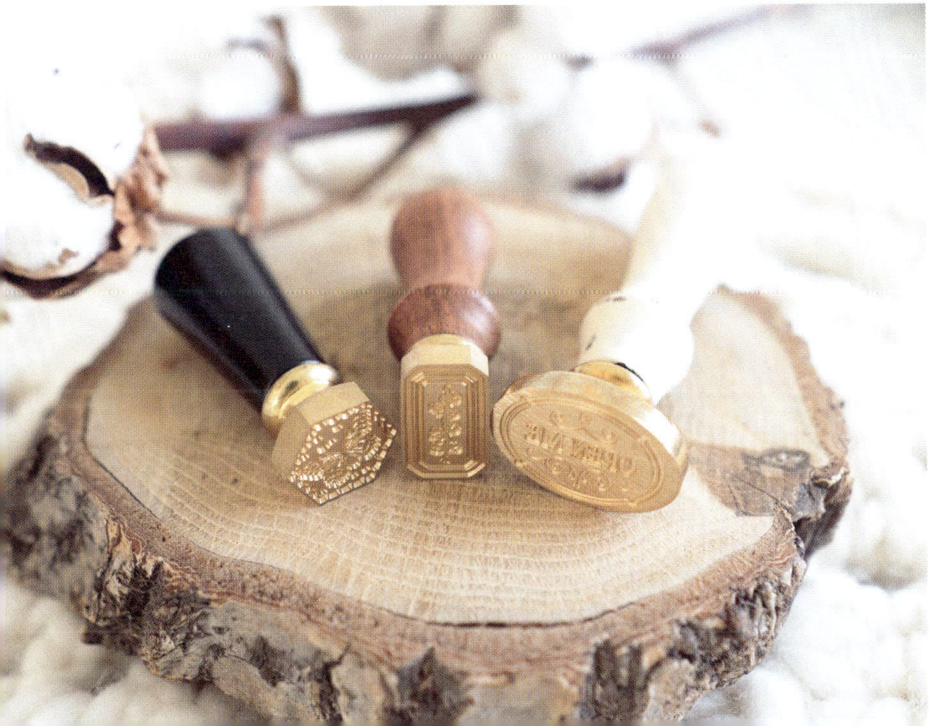

Du benötigst für deinen Siegelabdruck:

- Wachssiegel
- Siegelwachs (Nuggets oder Stangen)
- Schmelzlöffel oder eine Siegelwachspistole
- Kühlpad
- Küchentuch

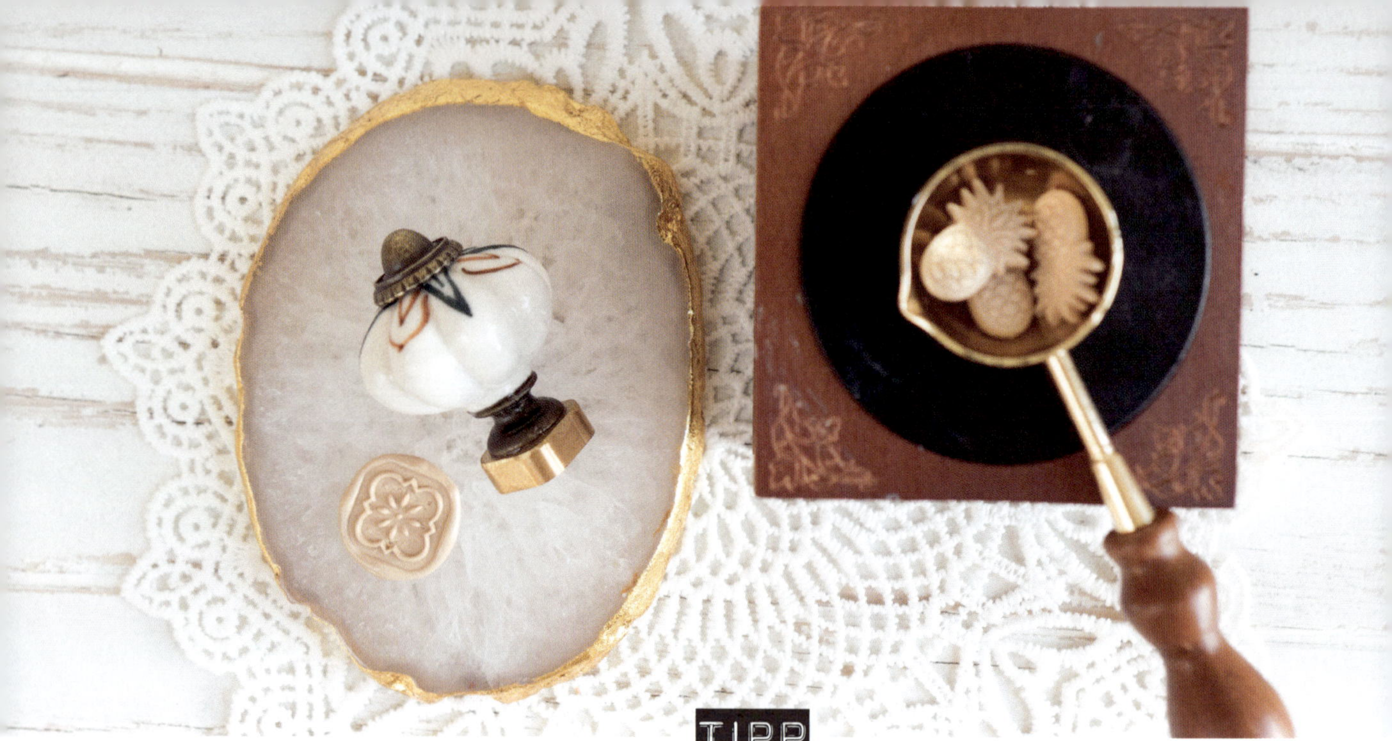

TIPP

Wenn du dein Wachssiegel auf ein Kühlpad stellst, bevor du es in das heiße Wachs drückst, wird der Abdruck präziser.

So gehst du vor:

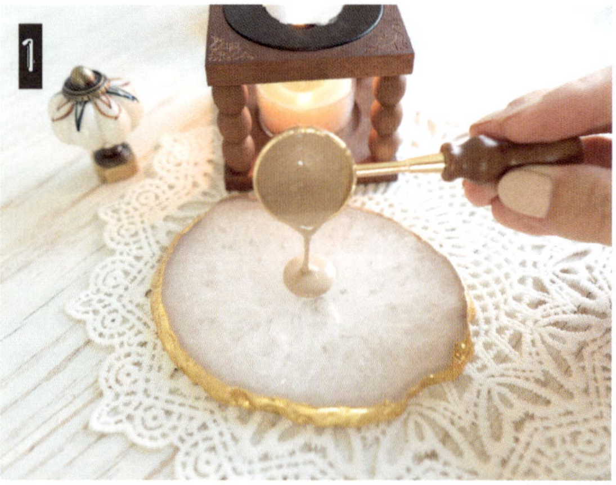

I

Zuallererst lässt du das Wachs schmelzen. Wenn du Pellets besitzt, erhitzt du diese im Schmelzlöffel über einem Teelicht. Falls du eine Siegelwachspistole besitzt, steckst du deine Siegelwachsstange in die Pistole und lässt sie darin warm werden.

TIPP

Lass das Wachs nicht zu warm werden, sonst ist es zu flüssig und lässt sich nicht so gut in der gewünschten Form applizieren. Arbeite ich mit dem Schmelzlöffel, teste ich die Konsistenz des Wachses beim vorsichtigen Schwenken des Löffels.

2

Beim Applizieren des Wachses empfehle ich dir, die Form des Siegels nachzuahmen – also bei einem runden Siegel eine runde Wachsfläche, bei einem ovalen Siegelstempel eine ovale und so weiter.

3

Jetzt kommt der spannende Moment – drücke langsam den gekühlten Siegelstempel in das heiße Wachs. Achte darauf, schön mittig das Siegel auf das Wachs zu setzen und gleichmäßig zu drücken. Ich rüttle immer noch beim Drücken ein kleines bisschen den Siegelstempel hin und her, sodass sich das Wachs noch besser verteilen kann.

3

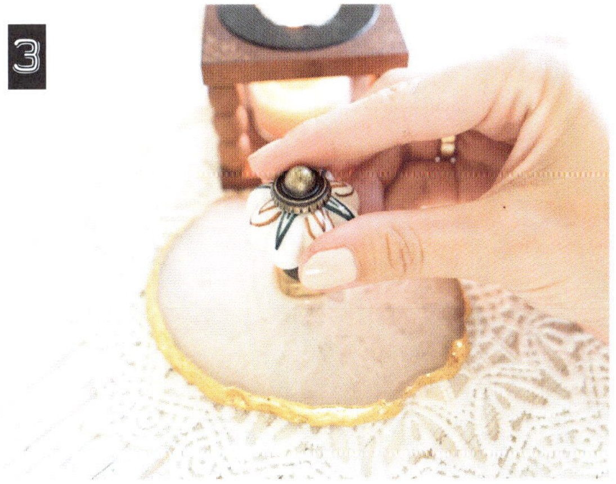

4

Warte einen kleinen Augenblick, bis das Wachs abgekühlt ist. Währenddessen kannst du mit einem Küchentuch deinen Schmelzlöffel von Wachsrückständen befreien. Wenn das Wachs vollständig erkaltet ist, nimmst du den Siegelstempel vorsichtig herunter – und dein Abdruck ist fertig!

4

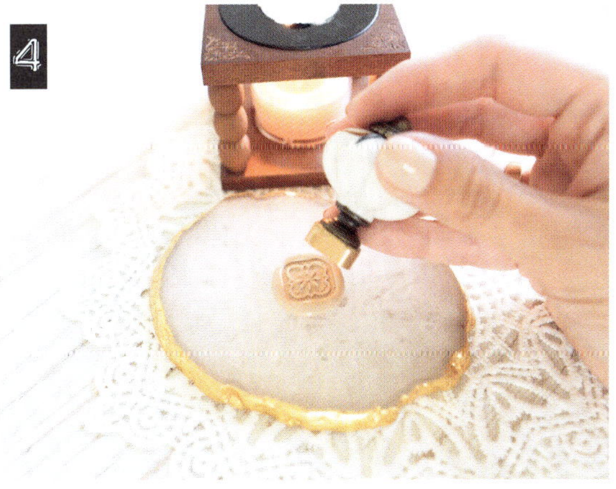

TIPP

Falls du das Motiv im fertigen Siegel noch ein wenig hervorheben möchtest, kannst du mit einem Edding in der Farbe deiner Wahl die Erhöhung nachmalen. Ich nehme dafür immer einen goldenen Edding.

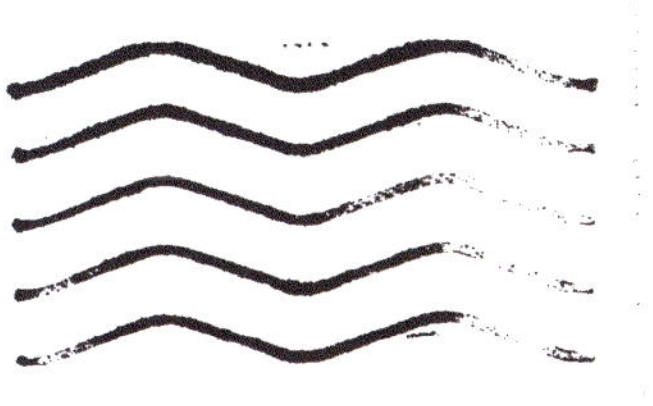

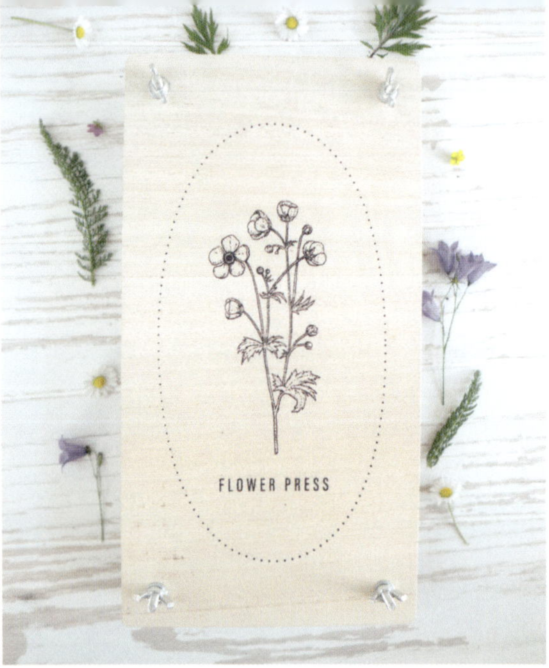

BLUMEN PRESSEN

Gepresste Blumen sind ein tolles Stilmittel, um dein Journal Spread zu verschönern. Wie du vielleicht schon bemerkt hast, mag ich Dekorationen, die aus der 2D-Ebene herauskommen.

Blumen zu pressen ist nicht schwer, allerdings muss man ein paar Dinge beachten, damit diese nach dem Pressen auch noch schön aussehen.

Du kannst deine Blumen einfach zwischen ein paar alten Zeitungspapierseiten in ein dickes Buch legen. Ich habe schon als Kind Blumen in Büchern gepresst und sie dann manchmal noch Jahre später wiedergefunden, weil ich vergessen hatte, sie irgendwann herauszunehmen. Mittlerweile kommen meine gesammelten Blüten und Pflanzen in eine eigens dafür vorgesehene Blumenpresse.

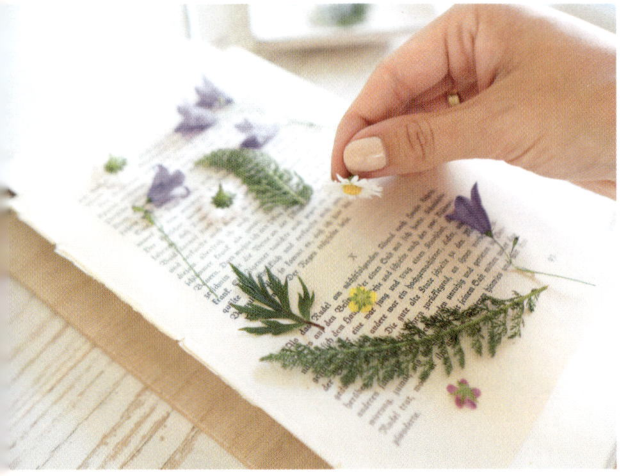

Ich würde dir nicht empfehlen, sehr saftige Blumen (wie z. B. Löwenzahn) zu verwenden, sie sind für das Pressen nicht so gut geeignet. Achte beim Platzieren im Buch oder in der Presse darauf, dass du die Blüte auf das „Gesicht" legst, sodass sie „offen" bleibt. Am besten nimmst du dir dazu eine Pinzette zu Hilfe, damit kannst du genauer arbeiten. Lass die Pflanzen für mehrere Tage zusammengepresst, damit auch alles schön trocken ist. Die fertig gepressten Blumen kannst du dann direkt mit Washi Tape auf deine zu dekorierenden Seiten kleben.

INFO

Wenn du Blumen zum Pressen pflücken möchtest, achte bitte darauf, inwieweit das erlaubt ist. Bitte pflücke keine Pflanzen, die unter Naturschutz stehen, oder in einem Land, wo das nicht gerne gesehen wird!

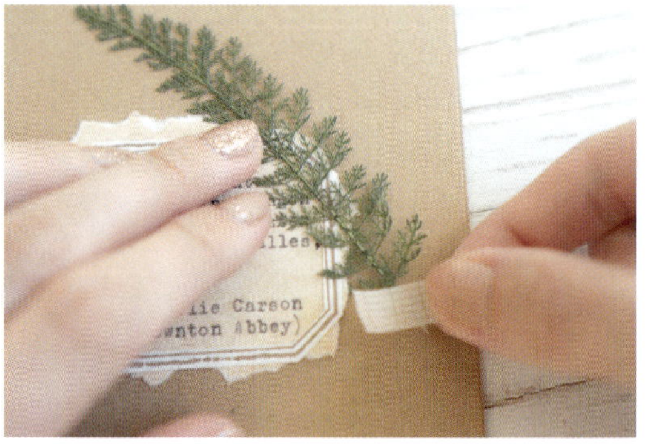

PAPIERE – SCHNEIDEN ODER REISSEN?

Fügst du verschiedene Papierelemente aus dekorativen Zwecken hinzu, kann es je nach Sorte oder Art besser aussehen, das Papier zu reißen anstatt zu schneiden.

Bei der ersten Lage – dem Hintergrund – verwende ich meist alte Buchseiten, die ich ganz locker reiße. Auch bei Stempelabdrücken, die ich vorher auf altes Papier gestempelt habe und dann in mein Journal kleben möchte, finde ich es manchmal wirkungsvoller die Ränder zu reißen. Damit das Ganze aber nicht nach hinten losgeht, gibt es einen ganz simplen Trick: Du nimmst einfach ein Lineal zur Hand und legst es an die Position, an der du später das Papier reißen möchtest. Dann faltest du das Papierende um das Lineal herum, knickst es noch ein- oder zweimal (je nach Papierstärke) in die entgegengesetzte Richtung und kannst es dann kontrolliert reißen, ohne irgendetwas unabsichtlich zu zerstören. Dieser Trick funktioniert auch bei kleinen Elementen.Du bekommst immer einen schönen Used Look.

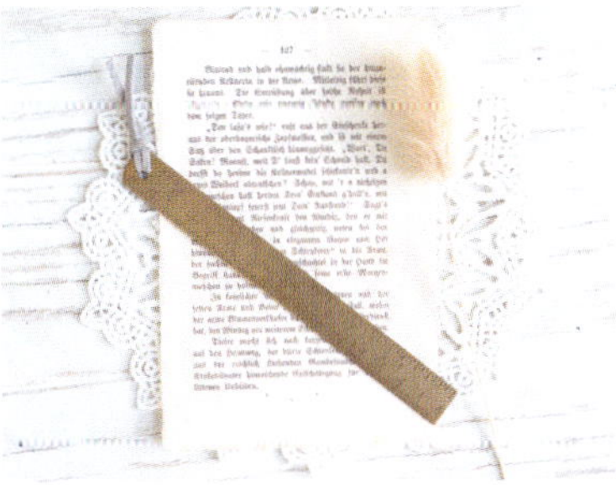

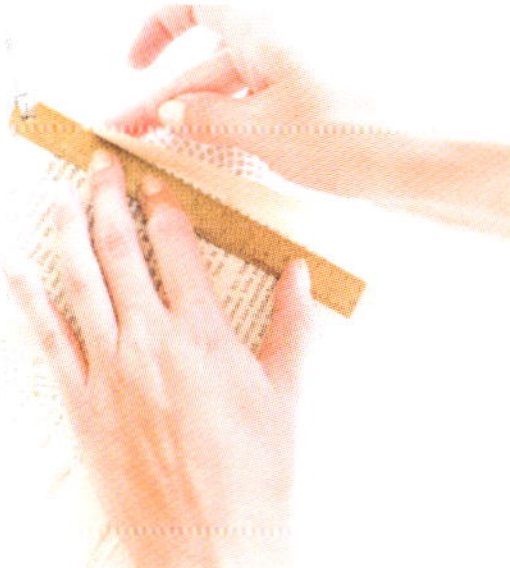

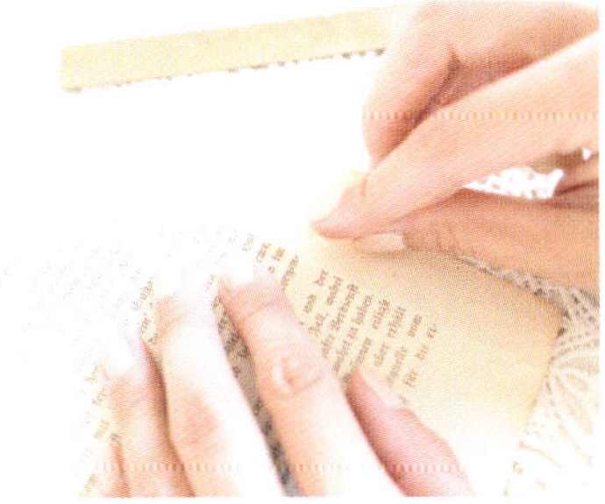

ÜBERSCHRIFTEN

Sicherlich möchtest du die Überschriften in deinem Journal schön gestalten. Sie zu lettern und zu kaligrafieren sieht immer toll aus. Ich beherrsche das beides nicht gut genug, deswegen habe ich mir andere Methoden ausgedacht:

Etikettiergerät
Ich verwende mein Gerät von Dymo für mein Journal und Geschenkverpackungen. Die Bänder dafür gibt es in verschiedenen Farben, und der Vintage-Look von den mechanischen Etikettiergeräten ist einfach zauberhaft!

Stencil
Stencils sind Schablonen, mit denen sich sehr einfach einzelne Buchstaben nachzeichnen lassen. Benutze hierfür am besten einen guten Fineliner, damit nichts ausfranst.

Stempel
Es gibt mittlerweile eine riesige Auswahl an Buchstabenstempeln. Gerade mit Clear Stamps lassen sich saubere Überschriften erstellen.

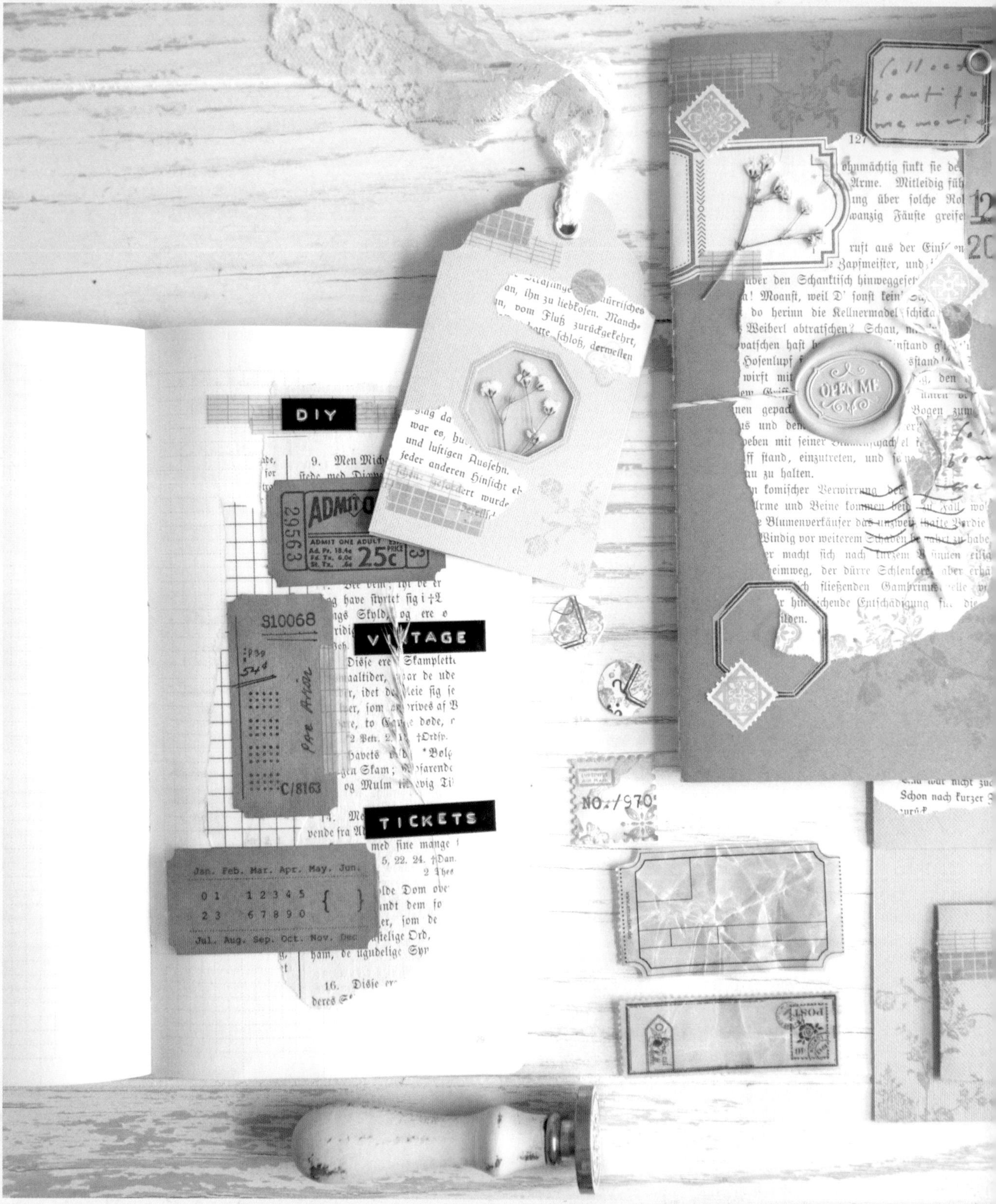
DIY
TICKETS
OPEN ME
ADMIT ONE
25c
310068
C/8163
Jan. Feb. Mar. Apr. May. Jun.
Jul. Aug. Sep. Oct. Nov. Dec
POST

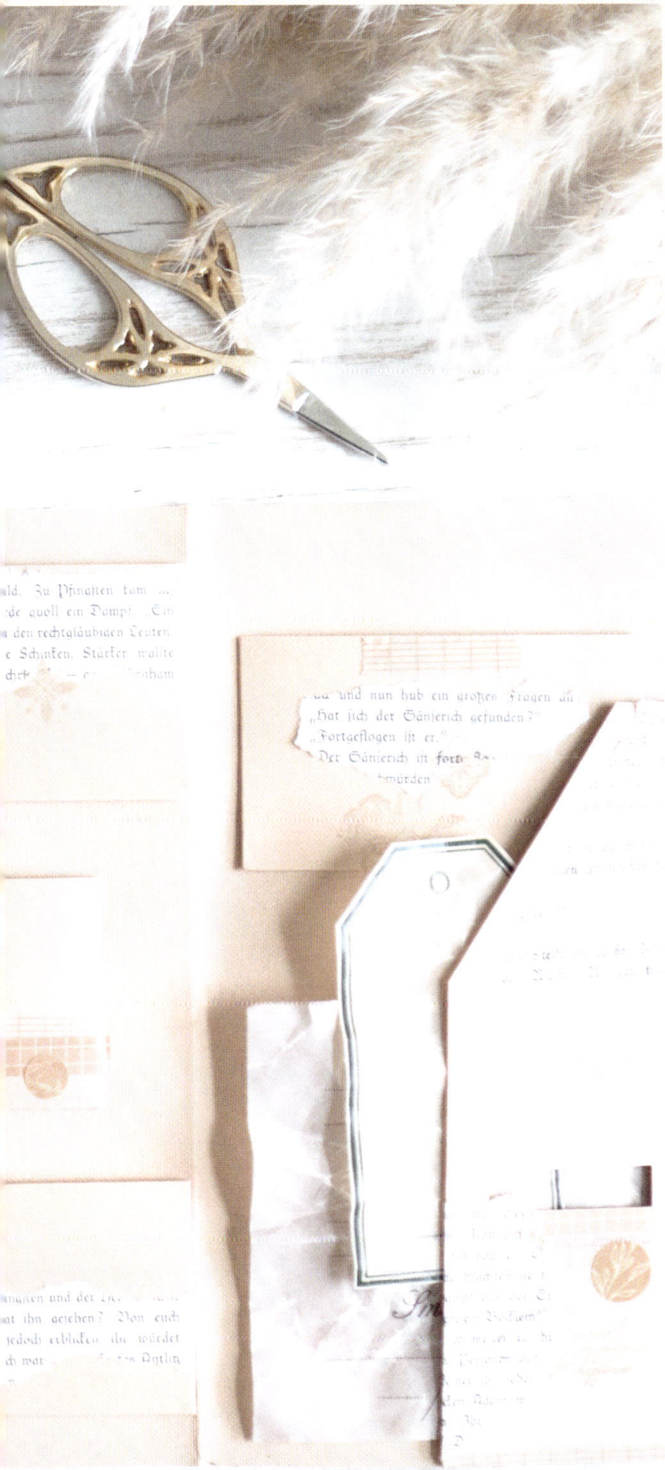

Projekte

Nachdem du jetzt alles Wissenswerte über das Journaling erfahren hast, dir im Materialteil die ein oder andere Empfehlung geholt und die verschiedenen Techniken studiert hast, willst du jetzt sicher endlich mit deinem eigenen Journal anfangen! Schnapp dir etwas Papier, Schere, Nadel und Faden, und schon geht's los – dein Journal wird gleich zu Beginn völlig individuell gestaltet!

Mittlerweile bin ich dazu übergegangen, mir oft ein Heft selbst zu nähen. Schließlich kann man bei der DIY-Variante alles - vom Material bis hin zur Heftstärke - nach seinen eigenen Wünschen gestalten. Ein anderer Vorteil ist, dass du nicht extra ein Heft kaufen musst, um direkt loszulegen, sondern einfach ein wenig Papier zusammensammeln kannst.

EIN HEFT *nähen*

DAS BRAUCHST DU

- Papier deiner Wahl für die einzelnen Seiten
- für die „Standard“-Heftgröße benötigst du alles in 21 x 22 cm
- Fotokarton (auch 21 x 22 cm) für das Cover
- Papierklammern
- Nadel und Faden (nimm am besten stärkeren Zwirn)

TIPP

Falls du kein Cover extra gestalten möchtest, kannst du auch gleich schönes Motivpapier verwenden.

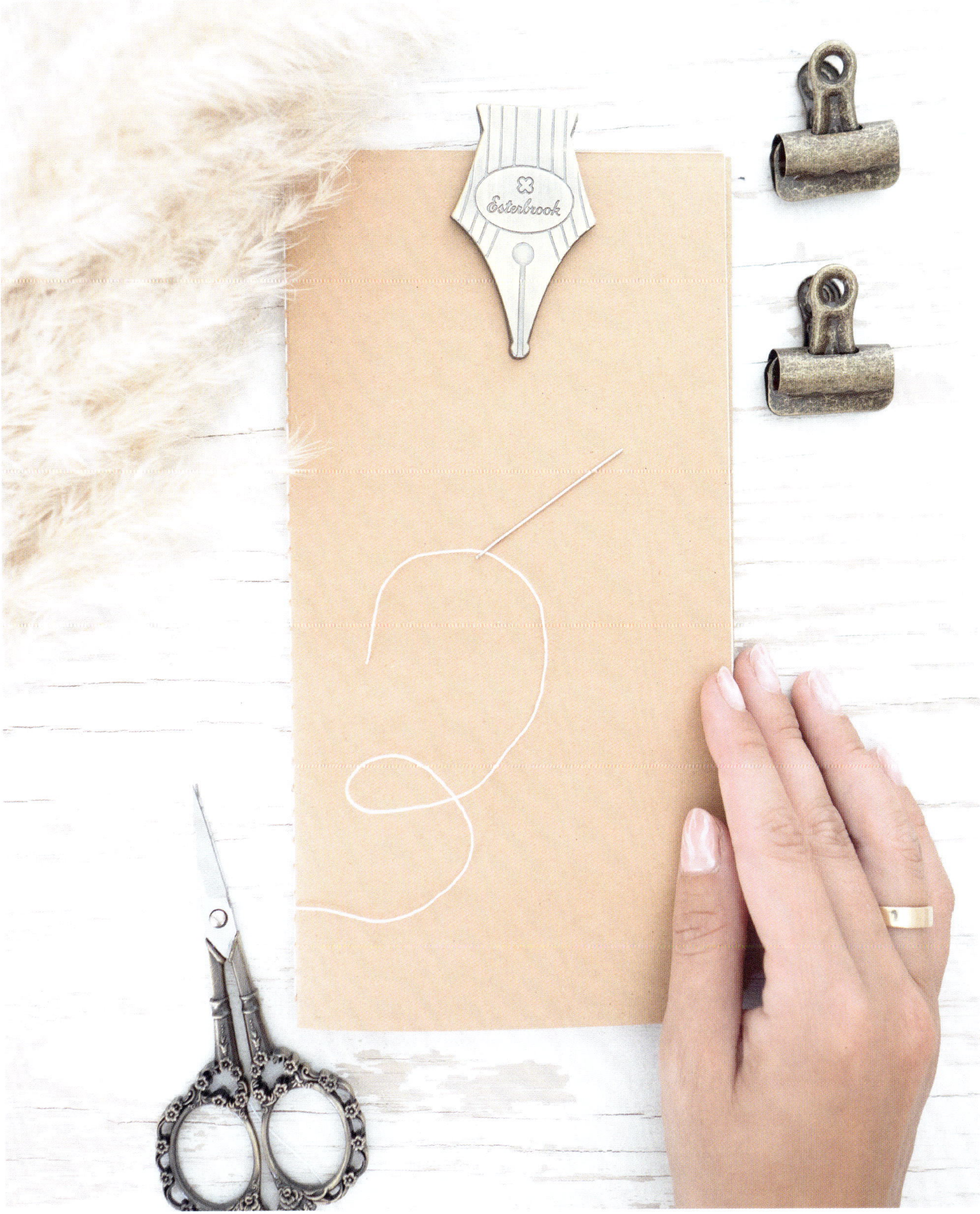
Esterbrook

So geht's

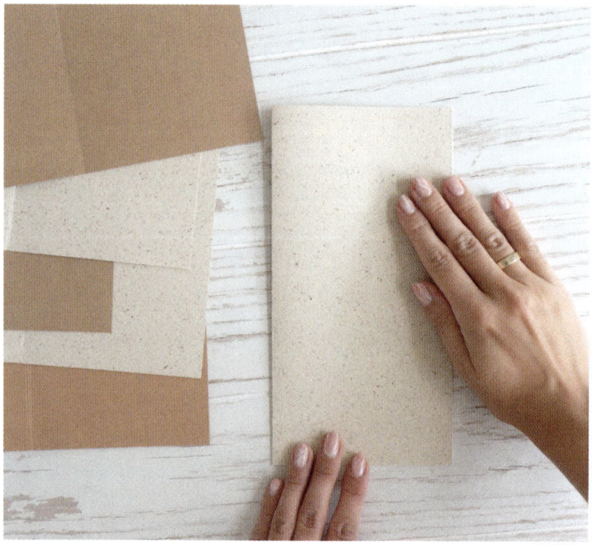

1

Falte das Papier und den Fotokarton einmal mittig an der längeren Seite, sodass die Maße 11 x 21 cm betragen.

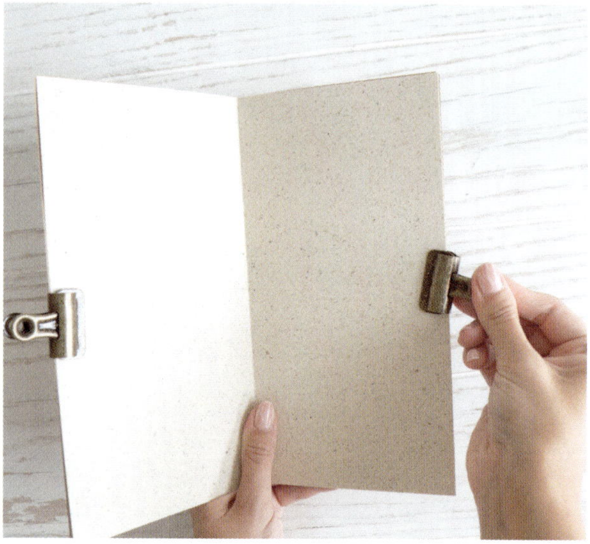

2

Lege die einzelnen Seiten in die von dir gewünschten Reihenfolge ineinander. Fixiere alles in der Endposition mit mehreren Papierklammern.

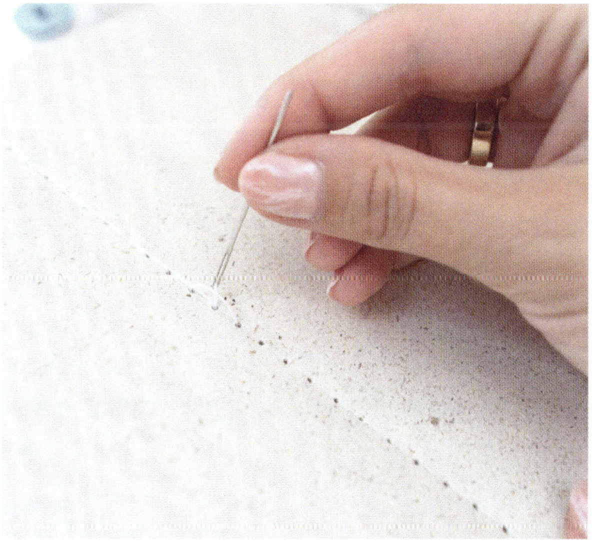

3

Nähe in der Mitte alle Seiten mit einem einfachen Rückstich zusammen. Ziehe den Faden während des Nähens immer schön straff, damit die Bindung nicht zu locker wird.

TIPP

Wenn du dir vor dem Nähen in regelmäßigen Abständen auf dem Falz Löcher machst, geht das Ganze viel leichter.

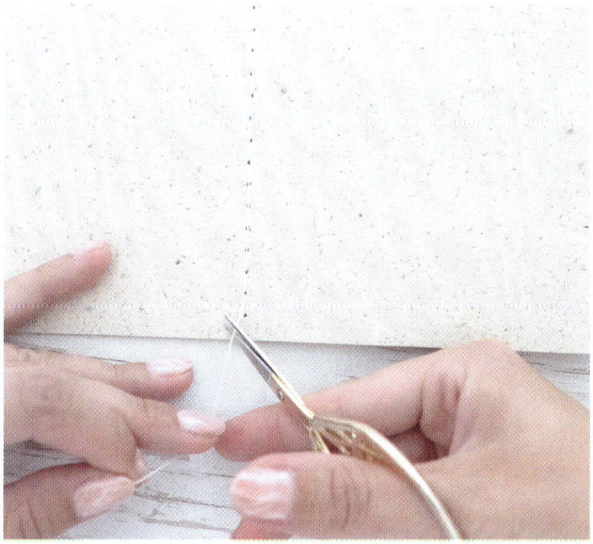

4

Schon fertig – gar nicht so schwer, oder? Mach einen festen Knoten am Ende und versäubere alle überstehenden Fadenreste.

Damit mein Journal nicht nur von innen schön aussieht, sondern auch von außen, gestalte ich meistens das Cover mit. Gerade bei Reisetagebüchern macht mir das besonders Spaß und es ist eine tolle Vorbereitung für den Urlaub! Um zu verhindern, dass das Journal zu leicht aufgeht, kreierst du gleich noch einen kleinen Verschluss mithilfe eines Wachssiegels.

JOURNAL COVER *gestalten*

DAS BRAUCHST DU

- Heft mit neutralem Umschlag, den man schön dekorieren kann
- Kleber
- Schere
- alte Buchseiten
- Wachsiegel und Siegelwachs
- schönes Garn, z.B. Bäckergarn in Weiß/Gold

DEKORATION NACH WAHL:

- Washi Tape
- Sticker
- Stempel und Stempelfarbe
- kleine Papierprodukte wie Tickets, Briefmarken, Schnipsel o.ä.
- gepresste Blumen

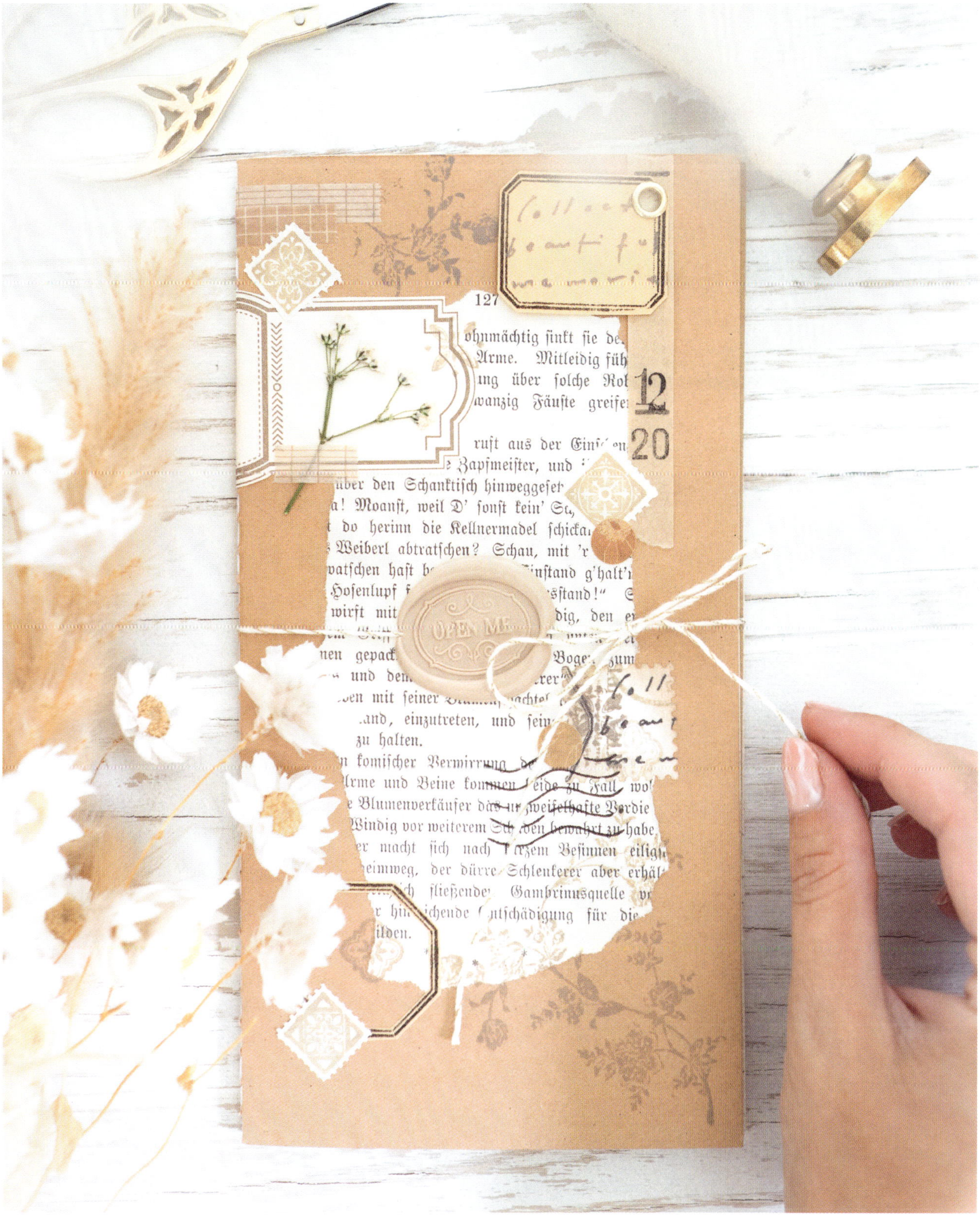
127
12
20
OPEN ME

So geht's

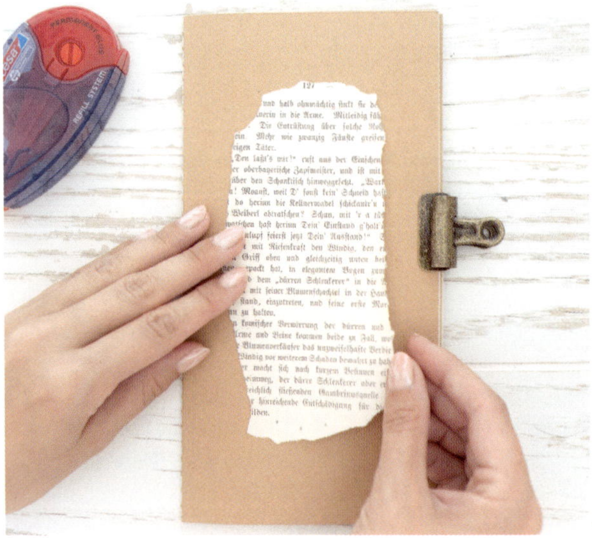

1

Gestalte zuerst den Hintergrund. Dafür reißt du dir eine alte Buchseite in eine unregelmäßige Form und klebst sie auf.

TIPP

Nicht alles muss mit Kleber befestigt werden. Mach doch einfach mal ein Element mit einer Heftklammer fest oder verwende eine Öse – das gibt einen schönen 3D-Effekt.

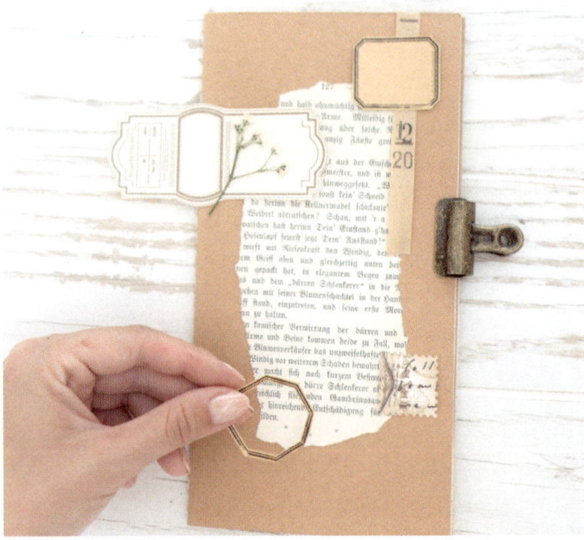

2

Als Nächstes kommt die Deko auf dein Cover. Ich lege vorher alles grob zurecht, überlege mir, was ich wo hinstempeln möchte, und klebe dann nach und nach die einzelnen Bestandteile auf. Gehe am besten immer so vor, dass du erst die großen Dekoelemente auf das Cover bringst und dann die kleineren. Denke daran, einen kleinen Bereich frei zu lassen, wo das Wachssiegel später noch hinkommen soll.

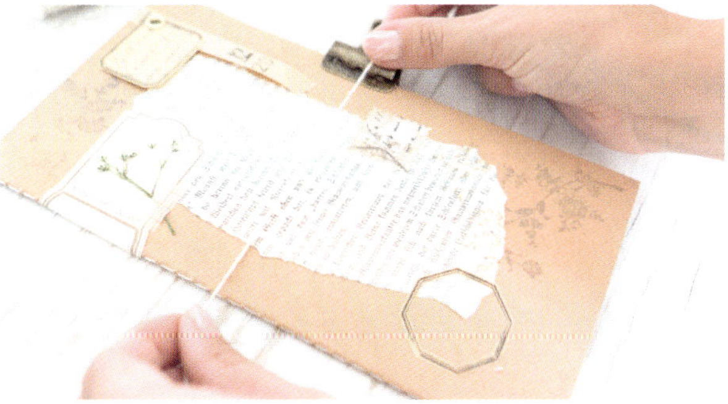

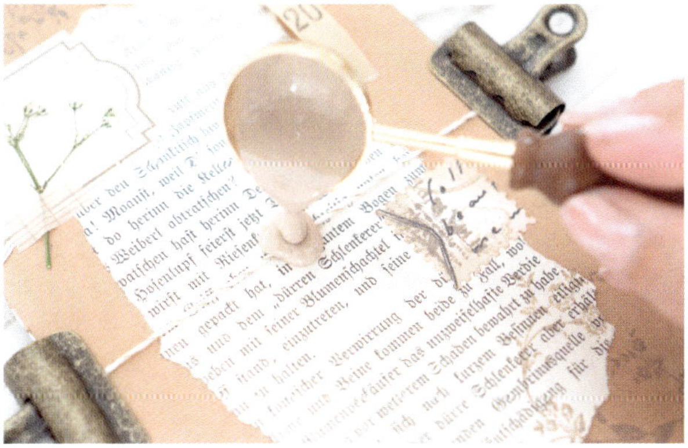

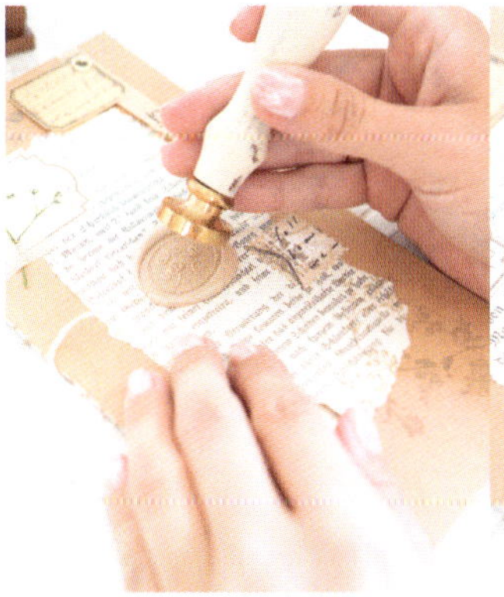

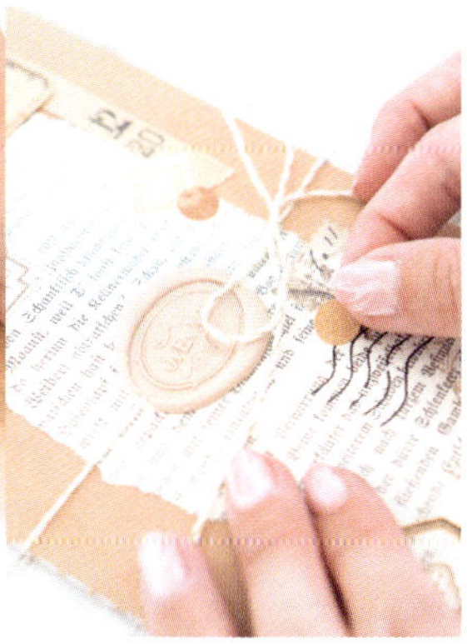

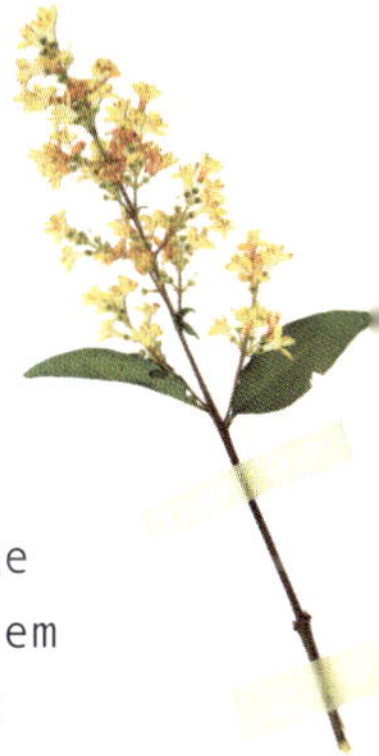

3

Jetzt kommen wir zum Verschluss: Lege dein Garn auf das Cover, unter anderem über die Stelle, die du dir für dein Siegel frei gehalten hast. Lass genug Garn rechts und links von dieser Stelle übrig, da das Garn sowohl für das Umwickeln des Covers als auch für eine kleine Schleife reichen muss! Fixiere das Band rechts und links jeweils mit einer Papierklammer.

4

Platziere das heiße Wachs über das Garn an die dafür frei gehaltene Stelle und drücke nun vorsichtig den Wachssiegelstempel hinein.

5

Vergiss nicht, während das Wachs auf dem Cover abkühlt, das heiße Wachs mit einem Küchentuch vorsichtig vom Löffel zu entfernen. Wenn das Wachs vollständig abgekühlt ist, kannst du den Siegelstempel davon lösen. Gib dem Ganzen zum Schluss noch mit kleinen Mini-Stempeln, Washi-Tape-Schnipseln oder Stickern das „Tüpfelchen auf dem i“. Und schon ist dein Cover inklusive Band zum Zubinden fertig!

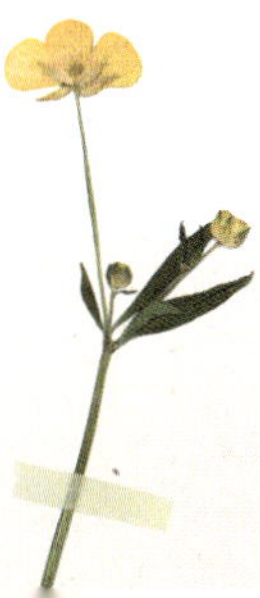

Diese Anleitung ist wahrscheinlich die wichtigste in diesem Buch: Hier zeige ich dir, wie du eine Journaling-Seite (den sogenannten Journal Spread) gestalten kannst. Lass deiner Kreativität völlig freien Lauf! Um dir aber näherzubringen, wie du deine Seiten strukturiert gestalten kannst, basteln wir jetzt zusammen Schritt für Schritt eine Doppelseite im Fräulein-Fotofee-Stil ☺.

JOURNAL Spread

DAS BRAUCHST DU

- dein Journal (vielleicht hast du ja schon die ersten beiden Schritt-für-Schritt-Anleitungen nachgebastelt und hast jetzt ein selbst gebundenes Heft mit dekoriertem Cover zur Hand)
- eine alte Buchseite
- Notizkarten, Notizblockseiten, schöne Papierschnipsel, Tortenspitze
- Washi Tape
- Fotos (woher du kleine Fotos bekommst, erfährst du auf Seite 18)
- Stempel und Stempelfarbe
- Sticker
- Kleber
- Bleistift
- Radiergummi

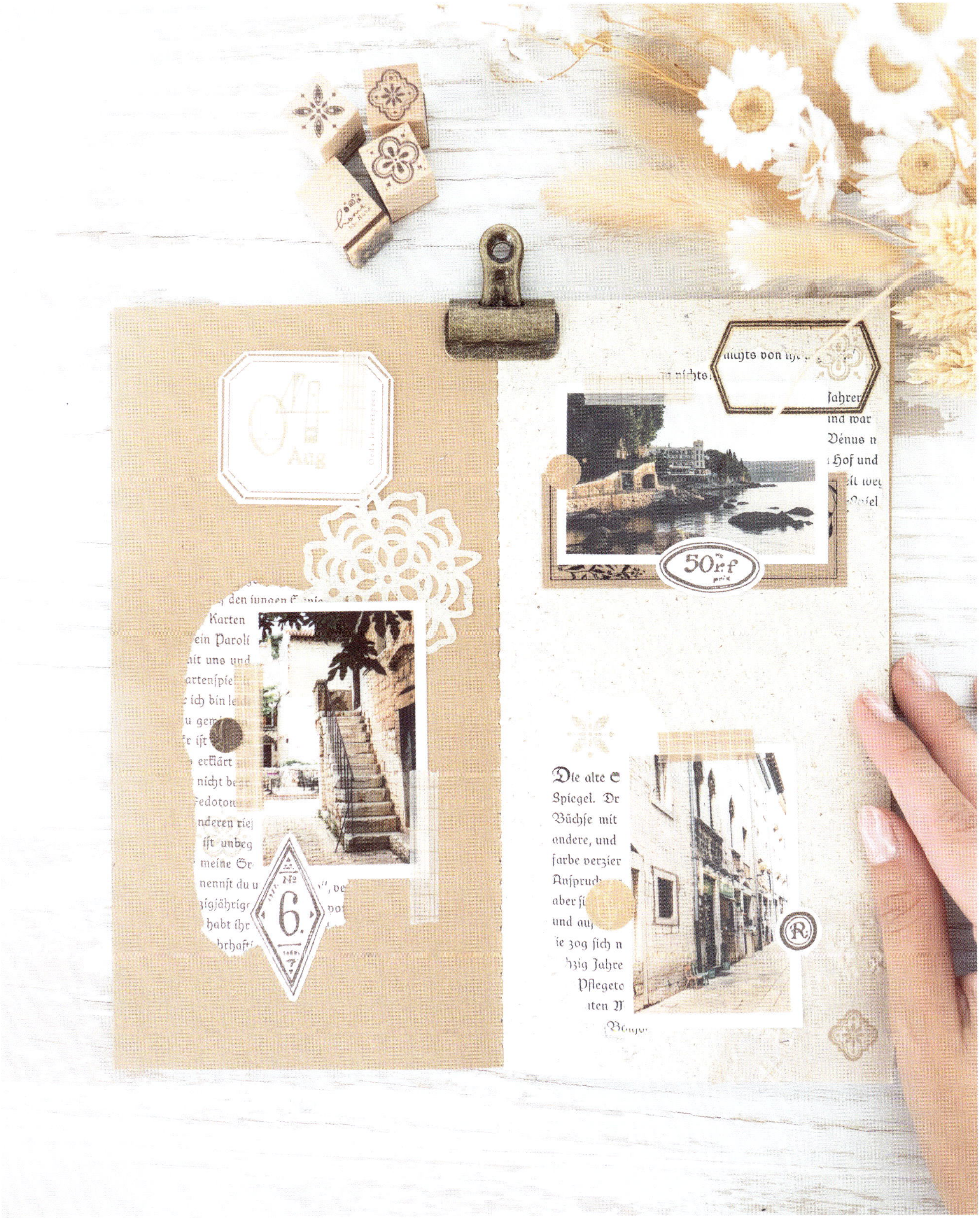

Aug
50 r.f
prix
No
6.
Die alte
Spiegel.
Büchse mit
andere, und
farbe verzier
Karten
ein Paroli

So geht's

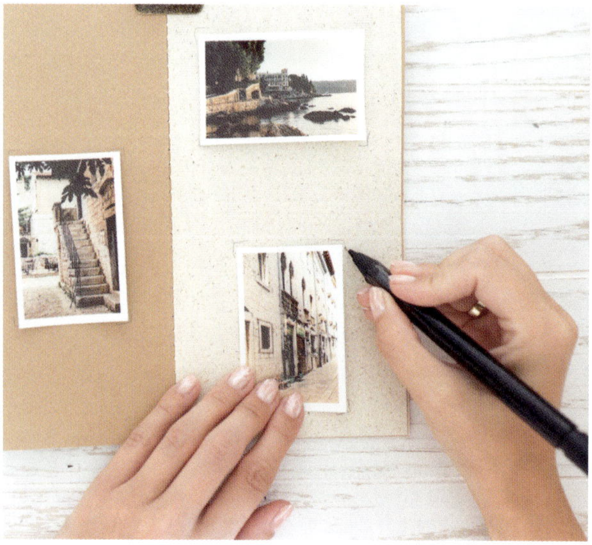

TIPP

Wenn du in deinem Journal Spread am Ende noch ein wenig Text hinzufügen möchtest, achte darauf, dafür genügend Platz zu lassen.

1

Ich orientiere mich immer zuerst an meinen Fotos. Hier benutze ich drei davon. Lege die Fotos zuerst dorthin, wo sie sich auch später befinden sollen – ein Foto auf der linken Seite und zwei auf der rechten. Nun markiere mit einem Bleistift die jeweilige Position und nimm die Fotos wieder herunter.

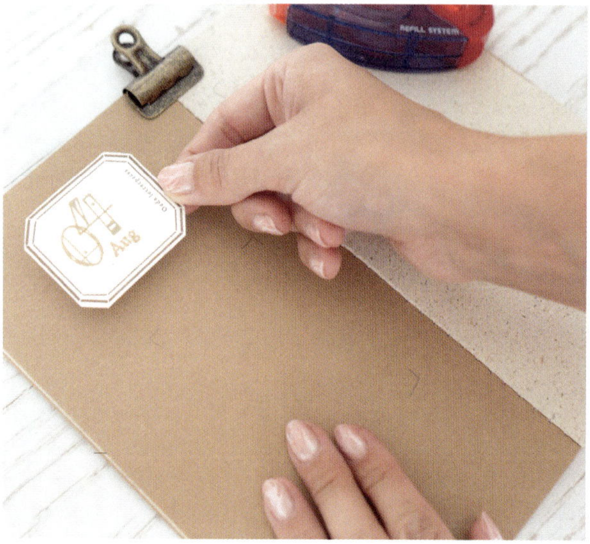

2

Nun kannst du eine kleine Überschrift gestalten. Meist dient mir dazu das Datum, an dem ich die Fotos aufgenommen habe, und das Thema, das diese Doppelseite darstellt. Damit das Ganze hübsch und ordentlich aussieht, stemple ich das Datum auf eine Notizkarte und klebe sie an den oberen Rand der linken Seite.

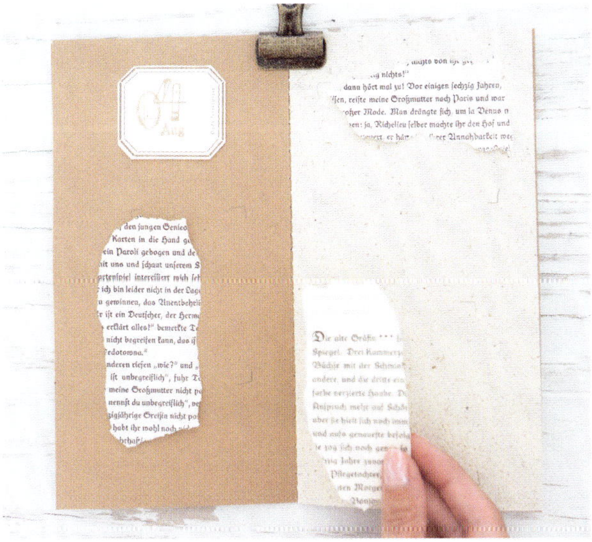

3

Nimm nun deine alte Buchseite und reiße sie in drei verschiedene unregelmäßige Formen. Diese dienen dir als Hintergrund für die jeweiligen Fotos. Orientiere dich an den jeweiligen Markierungen und klebe sie fest.

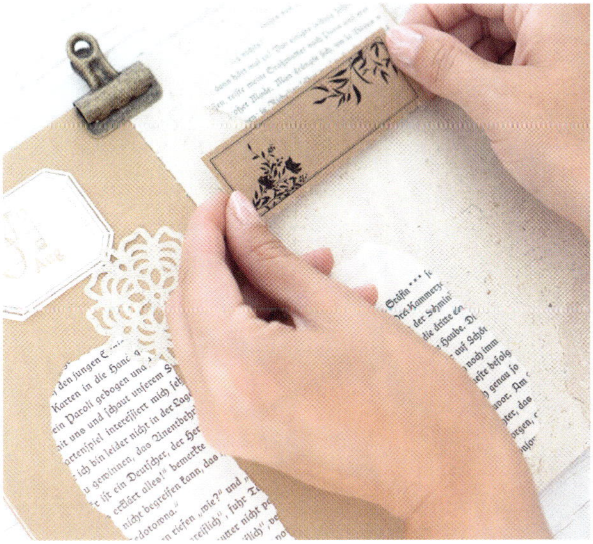

4

Klebe weitere größere Elemente wie Notizblockseiten oder auch Tortenspitze dazu.

Weiter geht's

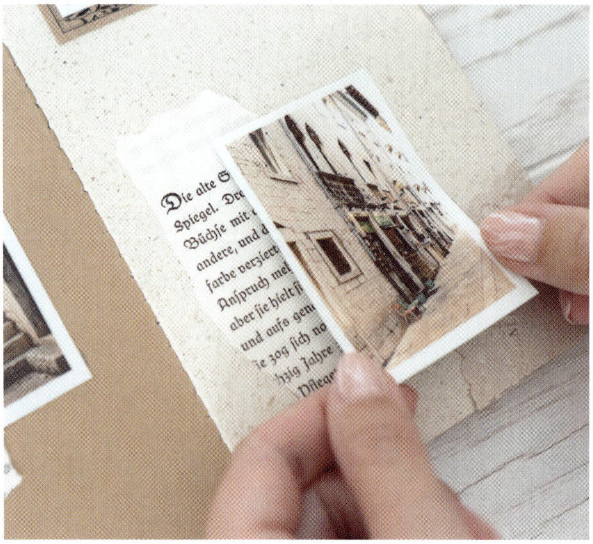

5

Jetzt kannst du schon deine drei Fotos über den Hintergrund aufkleben.

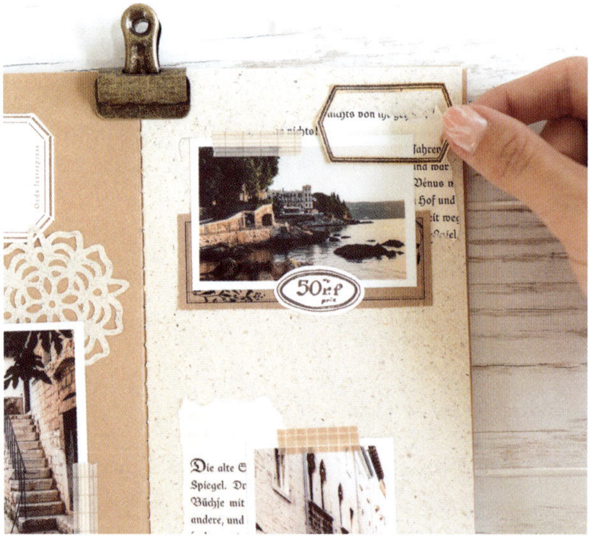

6

Nimm nun dein Washi Tape und deine Sticker und dekoriere um die jeweiligen Fotos herum. Du darfst auch manchmal das Foto ein wenig überdecken – dadurch wirkt die Dekoration spannender. Achte nur darauf, nicht zu viel vom Bild zu überkleben.

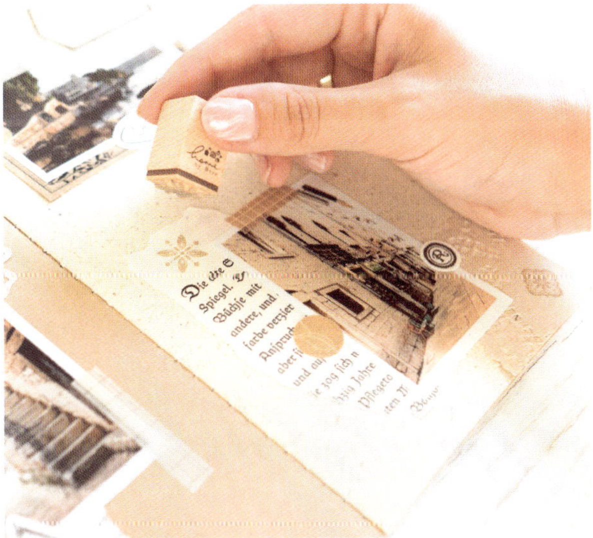

7

Gib deiner Dekoration noch ein wenig Feinschliff mit verschiedenen Stempeln.

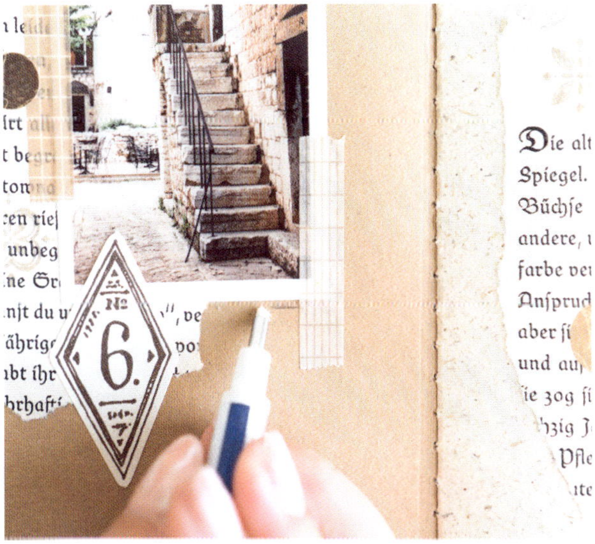

8

Falls noch irgendwo Bleistiftmarkie-rungen zu sehen sind, radiere diese nun weg und schreibe deinen Text auf.

Ich besitze mittlerweile so wunderschöne Stempel, die allerdings zu sperrig sind, um sie alle für die Travel-Journal-Dekoration auf Reisen mitzunehmen. In diesem Fall mache ich mir von den Abdrücken einfach ein paar Sticker selbst. Außerdem ist diese Variante eine günstige Alternative zu gekauften Stickern.

STICKER GANZ LEICHT *selbst gemacht*

DAS BRAUCHST DU

- deine Lieblingsstempel (ich verwende für die einzelnen Sticker Rahmenstempel)
- Stickerpapier (gibt es in verschiedenen Papiersorten, ich benutze hier Sticker-papier mit Kraftpapier)
- Etikettenpapier
- Papierstanzer
- Schere

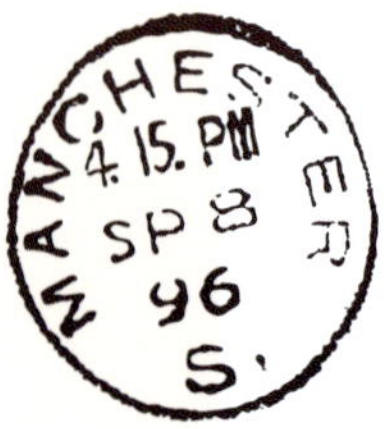

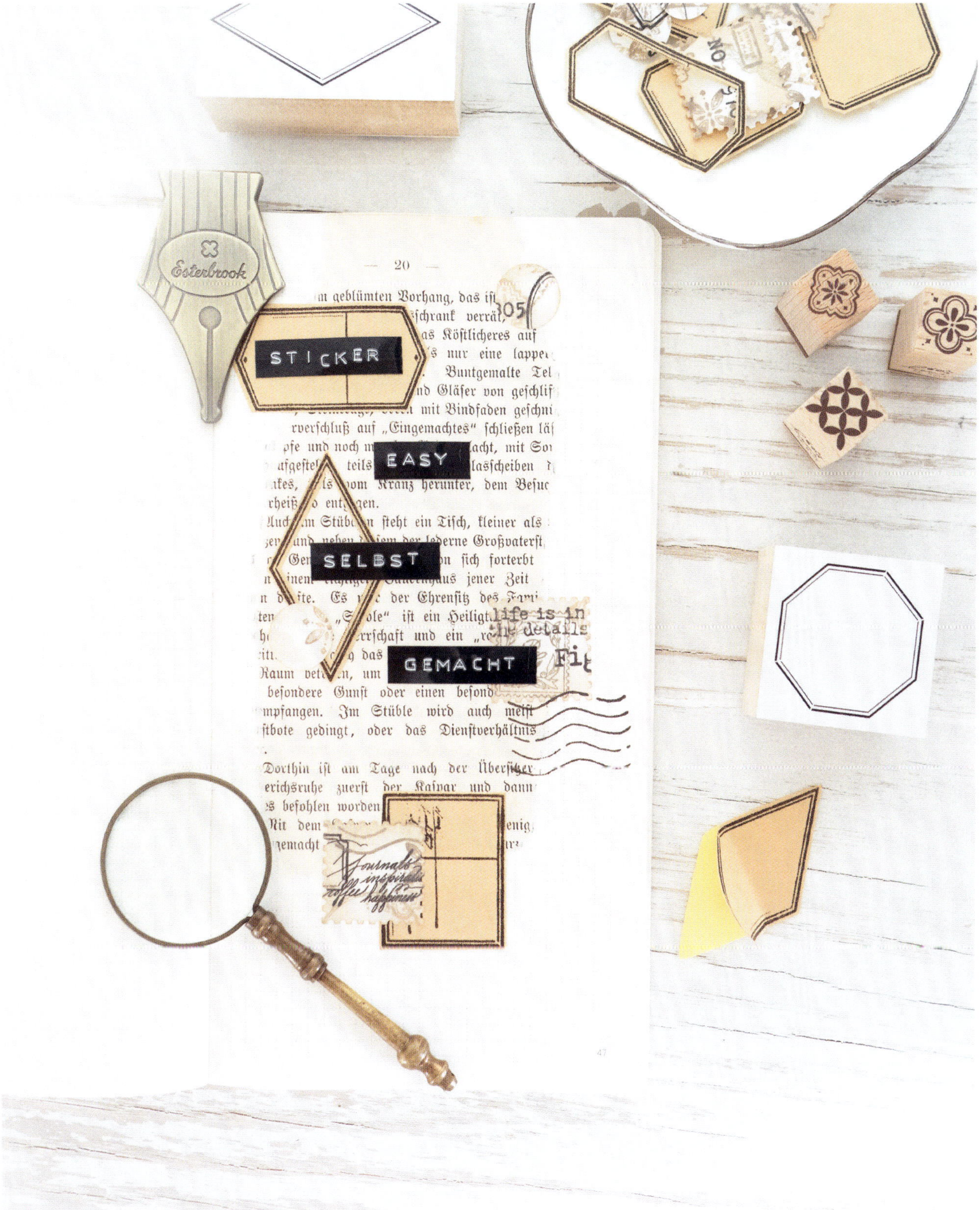
STICKER
EASY
SELBST
GEMACHT
life is in details

So geht's

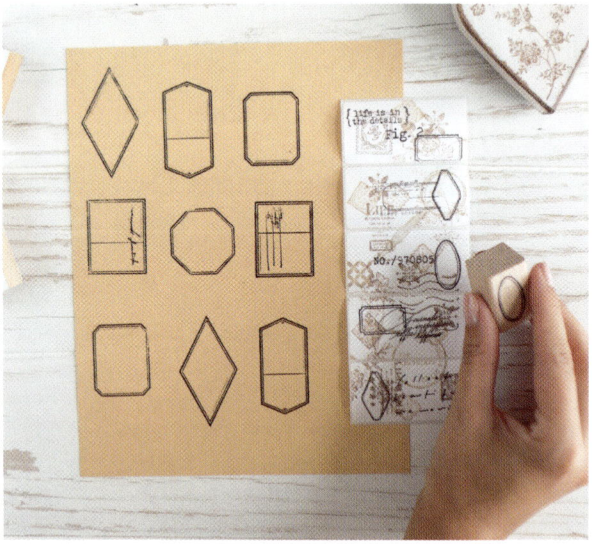

1

Stemple auf dein Sticker- oder dein Etikettenpapier. Du kannst die Abdrücke jeweils einzeln stempeln oder auch mit verschiedenen Stempeln und Stempelfarben wild durcheinander.

TIPP

Mit einem Bastelmesser kannst du bei den gestempelten Rahmen auch das Innere herausschneiden, sodass nur noch der Rahmen als solches einen Sticker ergibt.

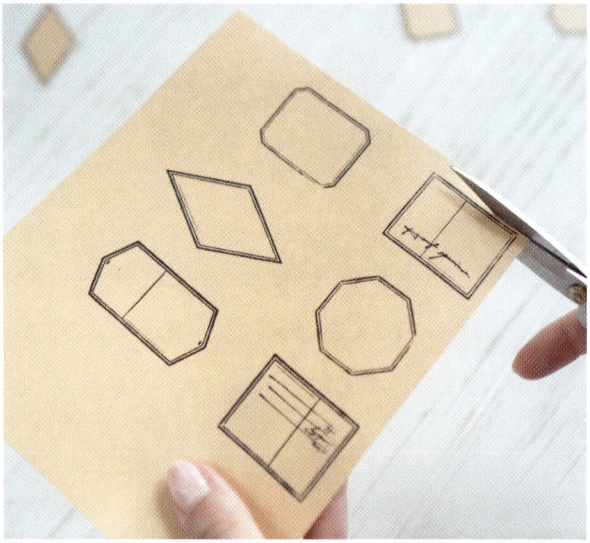

2

Schneide die einzelnen Abdrücke mit der Schere vorsichtig aus.

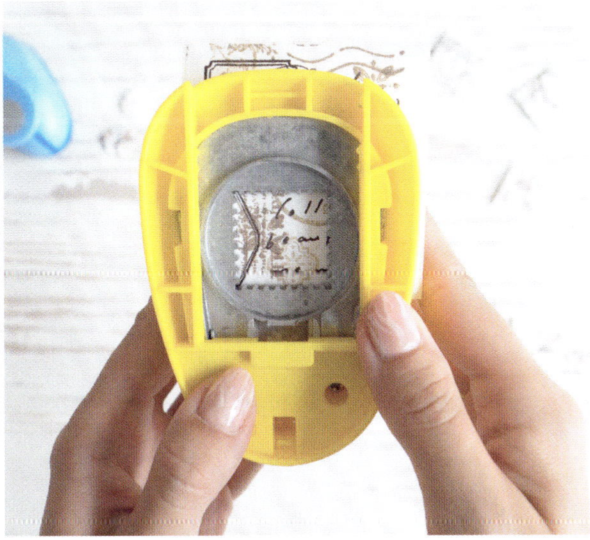

3

Bei den wild durcheinander gestempelten Abschnitten kannst du mit verschiedenen Papierstanzen unterschiedliche Stickerformen ausstanzen. Hierfür entferne ich immer den unteren Auffangschutz, um genau zu sehen, welchen Teil ich ausstanze.

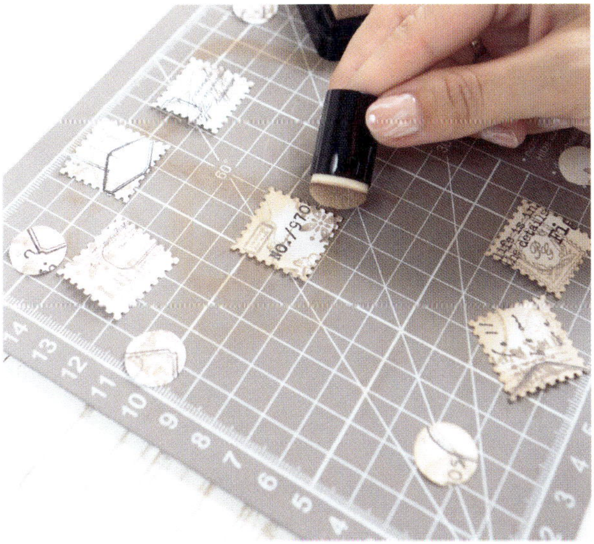

4

Um einen zusätzlichen Vintage-Effekt zu erzielen, betupfst du mit einem kleinen Schwämmchen den Rand der jeweiligen Sticker mit brauner Stempelfarbe.

Folgst du meinem Account bei Instagram, weißt du bestimmt, dass mir eine Seite bei meinen Reisetagebüchern sehr wichtig ist: die sogenannte Memory-Keeper-Seite. Diese Doppelseite gestalte ich, um Kassenzettel, Tickets, Visitenkarten usw. aufzubewahren. Ich zeige dir hier, wie du dir eine Memory-Keeper-Doppelseite mit zwei Einstecktaschen-Varianten selbst gestalten kannst.

EINSTECK-taschen

DAS BRAUCHST DU

- dein Journal, in dem du die Einstecktaschen haben möchtest
- Kleber
- Schere
- Falzbein
- Briefumschlag-Vorlage
- Papier für den Briefumschlag
- Washi Tape, Sticker, Stempel und Vintage-Papier zum Dekorieren

Unter *www.emf-verlag.de/memory-keeper* kannst du dir die Vorlage zum Briefumschlag herunterladen.

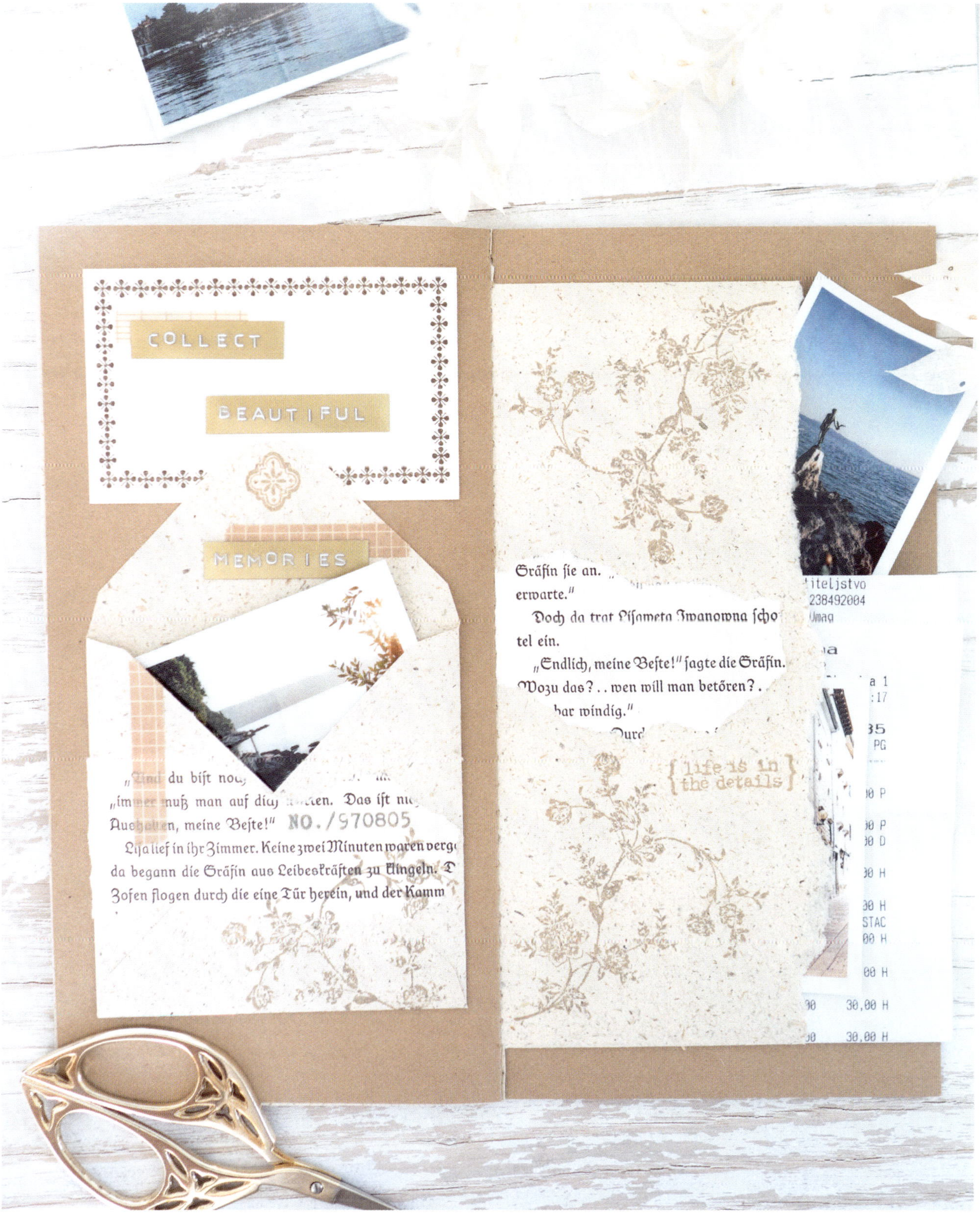
COLLECT
BEAUTIFUL
MEMORIES
life is in the details
NO./970805

So geht's

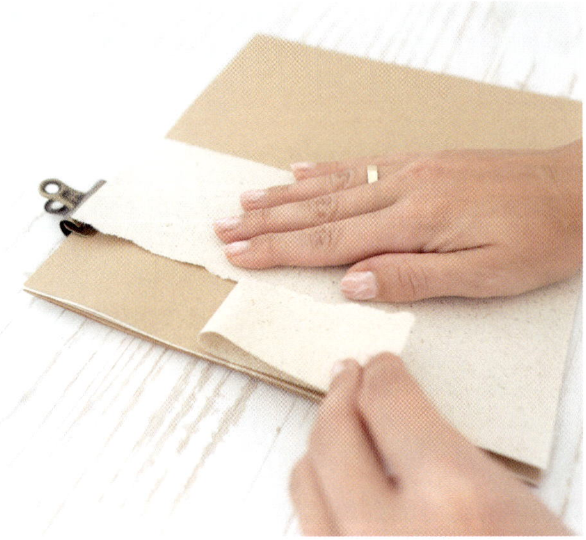

1

Für die rechte Seite verwendest du einfach zwei Notizbuchseiten – die obere Seite wird die Tasche, die auf die untere geklebt wird. Reiße die obere Seite an der langen Kante so, dass die gesamte Seite schmaler ist als die darunter.

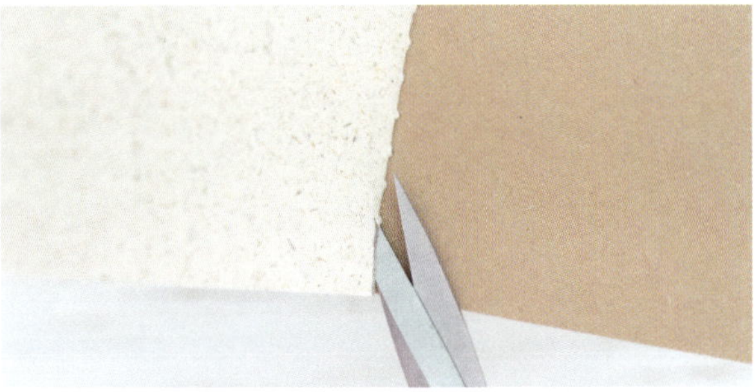

2

Schneide diese Seite oben und unten direkt an der Bindung ca. 1cm ein.

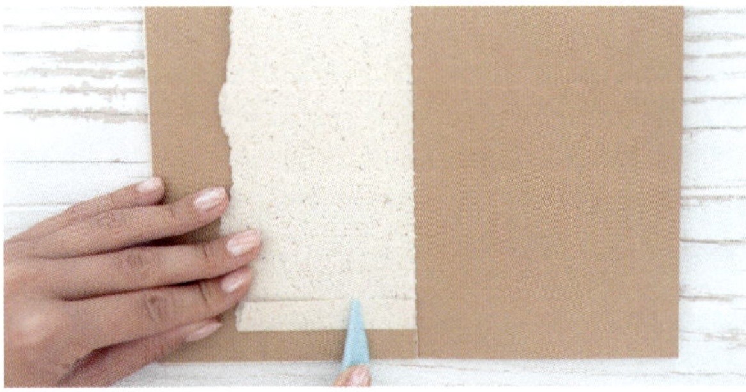

3

Falte die dadurch entstandenen Ränder um und klebe die Tasche an diesen Rändern auf der unteren Seite fest – schon hast du die rechte Einstecktasche fertig.

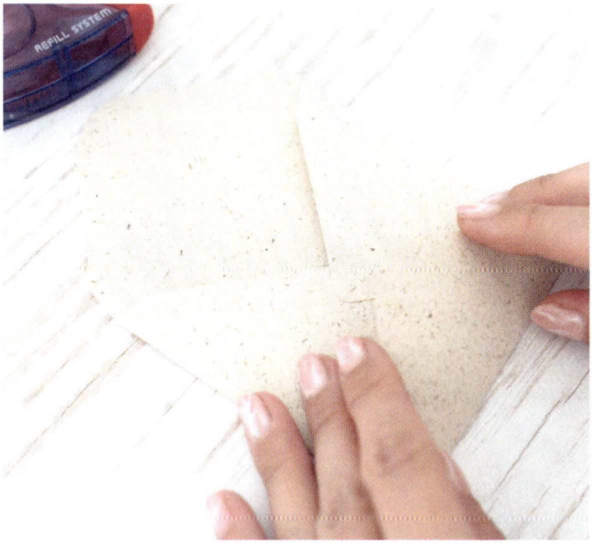

4

Für die linke Seite schneidest du dein Papier anhand der Briefumschlag-Schablone aus. Falte drei Ecken des Briefumschlags zueinander und klebe sie fest.

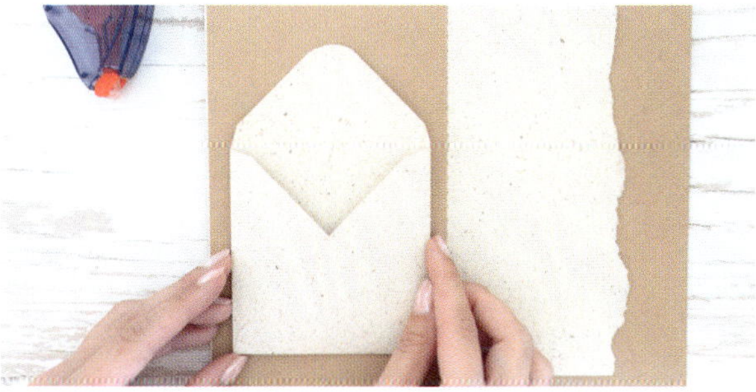

5

Nun hast du einen offenen Briefumschlag, den du so auf die linke Seite klebst.

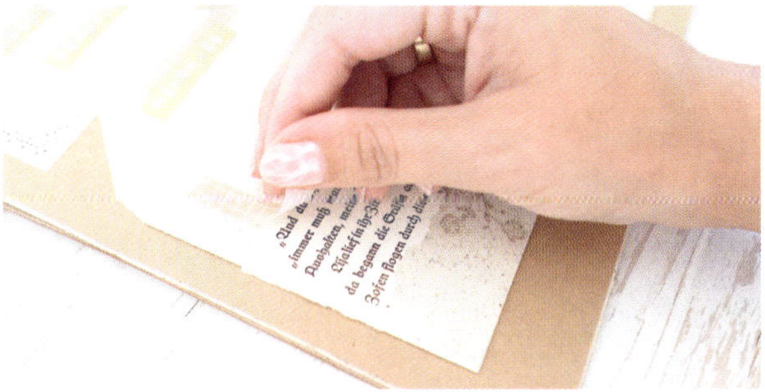

6

Dekoriere die Seite mit Washi Tape, Stickern usw. ganz nach deinem Geschmack.

Wie du weißt, liebe ich es, so viel wie möglich selbst zu machen. Manchmal habe ich wunderschöne Notizblockseiten, denen aber der gewisse Vintage-Touch fehlt. Oder stinknormales Druckerpapier, was zum Journaling zu langweilig ist. Diese Seiten lassen sich ganz leicht in Vintage-Papier umwandeln – es braucht nur ein paar Haushaltsgegenstände und Geduld.

VINTAGE-PAPIER *selbst herstellen*

DAS BRAUCHST DU

- das Papier, dem du einen Vintage-Effekt geben möchtest
- 2 Teebeutel schwarzer Tee
- eine flache Wanne oder Schüssel
- heißes Wasser
- Teelichter
- Backpapier
- Bügelbrett und Bügeleisen
- Küchentuch
- Messer

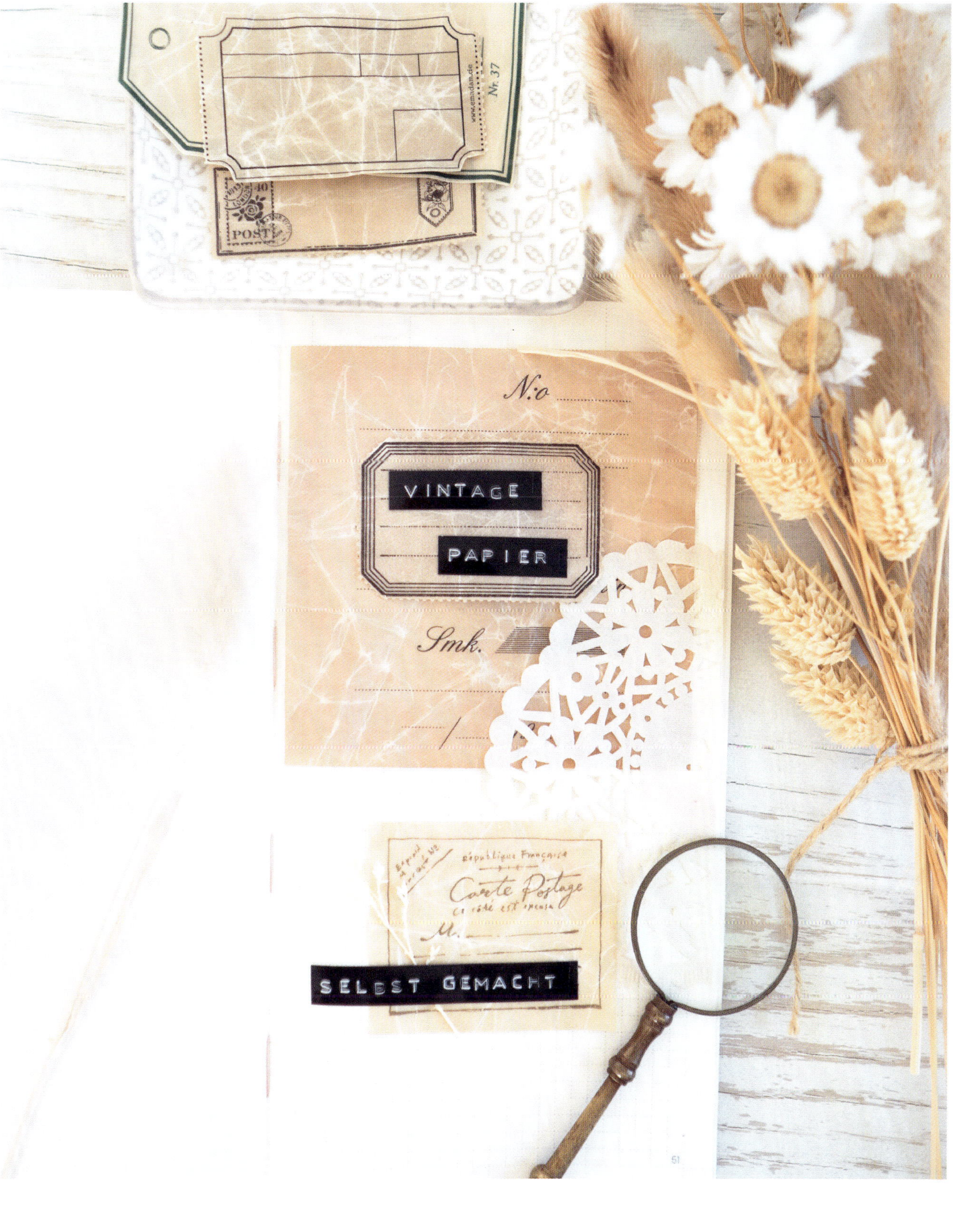
Nr. 37
POST
N:o
VINTAGE
PAPIER
Smk.
République Française
Carte Postage
SELBST GEMACHT

So geht's

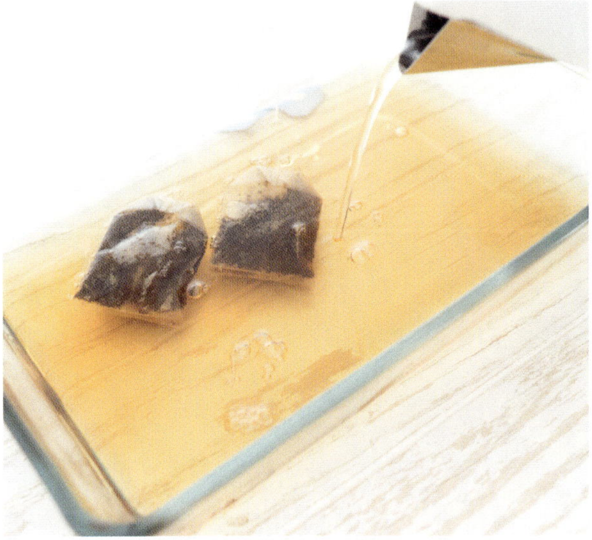

TIPP

Wenn du mehr oder weniger Teebeutel nimmst, kannst du verschieden dunkle Färbungen erzielen. Probiere es einfach aus!

1

Gieße den schwarzen Tee mit heißem Wasser in einer flachen Wanne/Form auf und lass ihn ein paar Minuten ziehen, bis das Wasser eine schöne dunkelbraune Färbung hat. Das Teewasser sollte dann bis zu einer angenehm warmen Temperatur abkühlen.

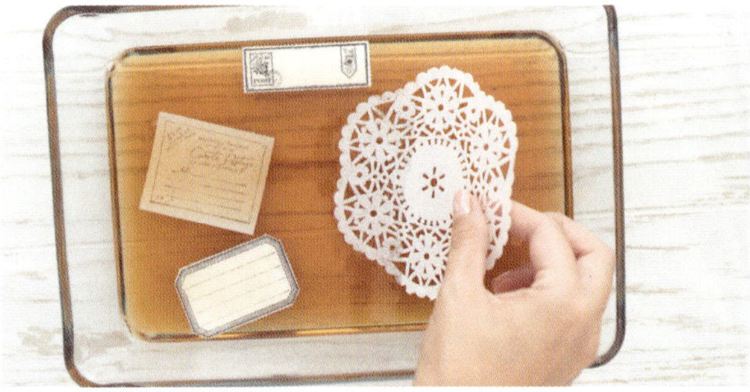

2

Lege nun das Papier in die Wanne und warte, bis das Papier die gewünschte Färbung hat – je länger du das Papier einlegst, desto dunkler wird logischerweise das Resultat.

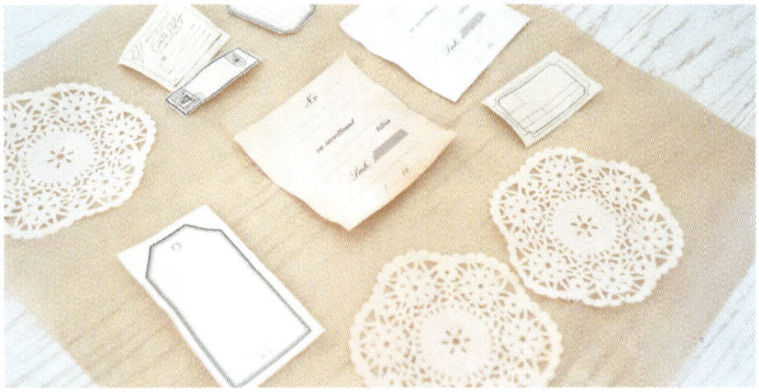

3

Wenn du zufrieden mit dem Farbton bist, nimm das Papier heraus, tupf es vorsichtig mit einem Stück Küchentuch ab und leg es auf ein Stück Backpapier zum Trocknen.

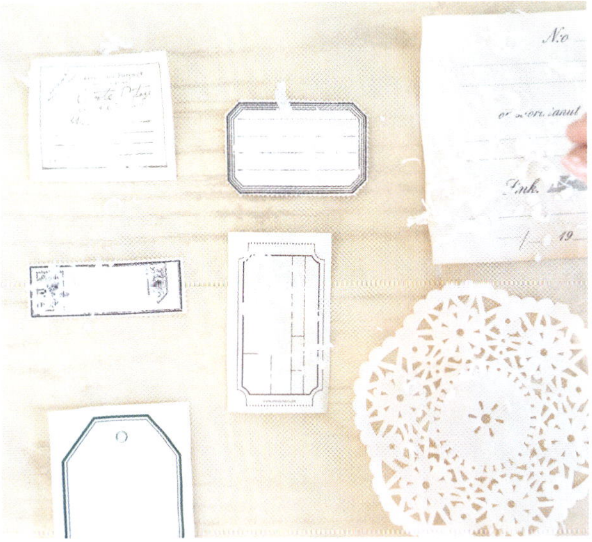

4

Jetzt bekommt das Papier noch einen zusätzlichen Vintage-Effekt! Hoble dafür mit einem Messer etwas Wachs von einem Teelicht ab. Lege dein gefärbtes und getrocknetes Papier auf eine Seite Backpapier und verteil das Wachs gleichmäßig darauf.

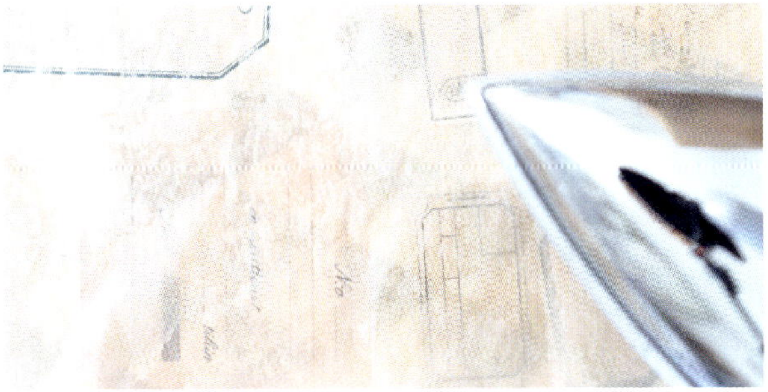

5

Nun lege eine zweite Schicht Backpapier darüber und bügle vorsichtig auf mittlerer Stufe darüber, bis das Wachs geschmolzen und gleichmäßig verteilt ist.

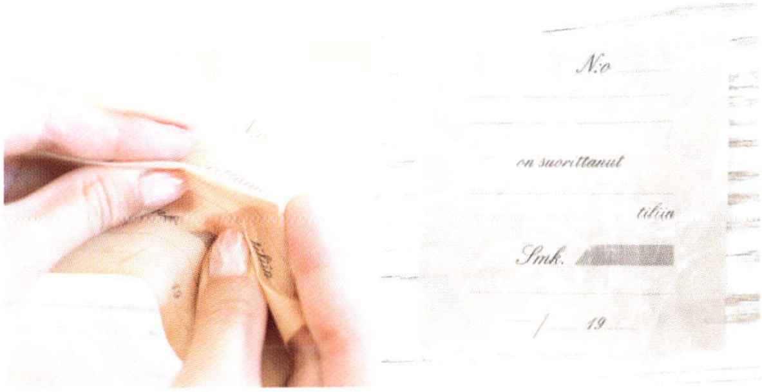

6

Ist alles wieder abgekühlt, kannst du das Papier vom Backpapier befreien und hältst dein selbst gemachtes Vintage-Papier in den Händen. Knicke es noch ein wenig, so entstehen an den Bruchkanten feine Linien im Used Look.

Dieses DIY ist etwas aufwendiger, aber es lohnt sich – glaube mir! Das Lesezeichen ist ein perfekter kleiner Helfer, um im Journal nicht immer nach der nächsten leeren Seite suchen zu müssen. Durch die Magnete kann es auch nicht so leicht herausrutschen. Und es ist außerdem ein perfektes Geschenk für Bücherwürmer!

MAGNETISCHES *Lesezeichen*

DAS BRAUCHST DU

- 2 Geschenkanhänger in der gleichen Größe aus Papierkarton
- Bastelmesser
- Rahmenstempel (falls du keinen hast, kannst du den Rahmen auch einfach mit einem Fineliner und Lineal zeichnen)
- Stempelkissen
- gepresste Blume
- Laminierfolie und Laminiergerät
- Folienstift
- Ösenzange und eine Metallöse
- Band
- 2 kleine flache Magnete
- Washi Tape, Stempel, Sticker usw. zum Dekorieren
- Kleber

Unter *www.emf-verlag.de/memory-keeper* kannst du dir die Geschenkanhänger-Vorlage herunterladen.

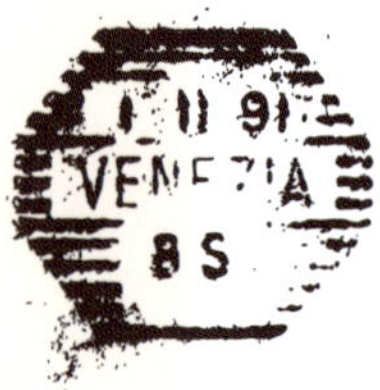

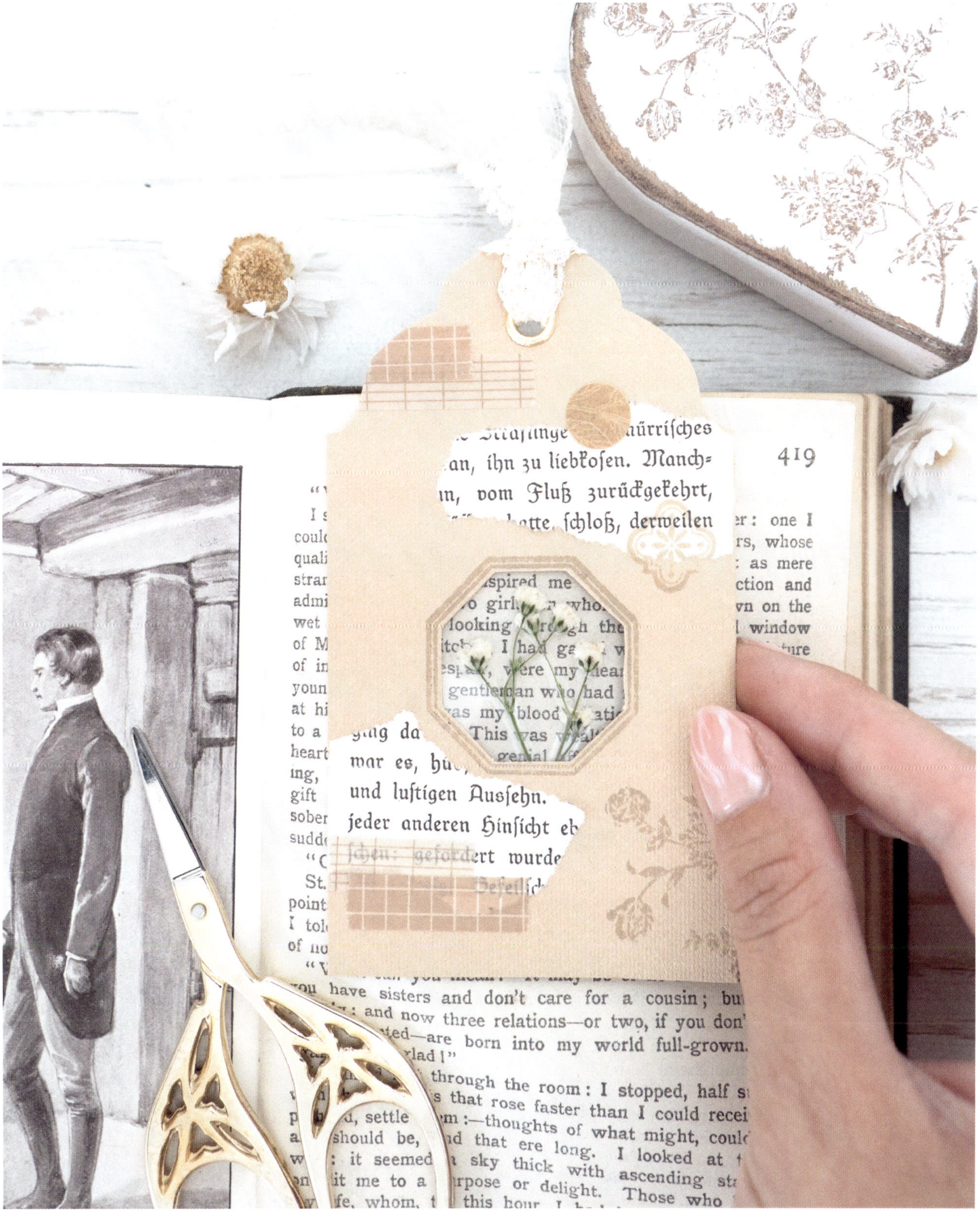

So geht's

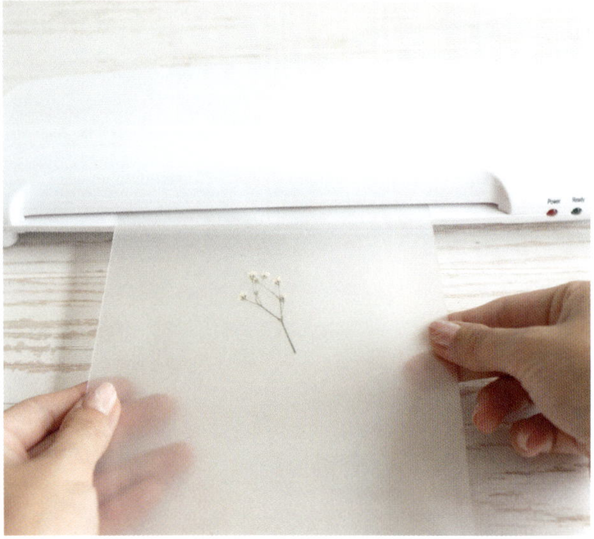

I

Laminiere zuerst die gepresste Blume für das Fenster ein.

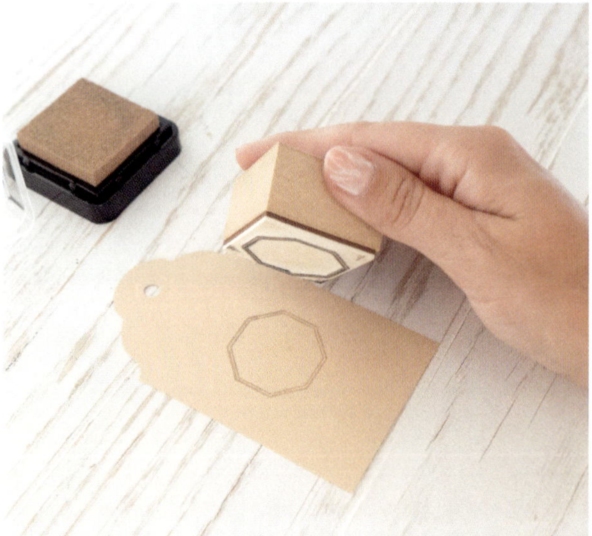

2

Stemple nun den Rahmenstempel auf einen der beiden Geschenkanhänger. Wenn du keinen Rahmenstempel besitzt, kannst du dir auch einfach einen Rahmen mithilfe eines Lineals zeichnen.

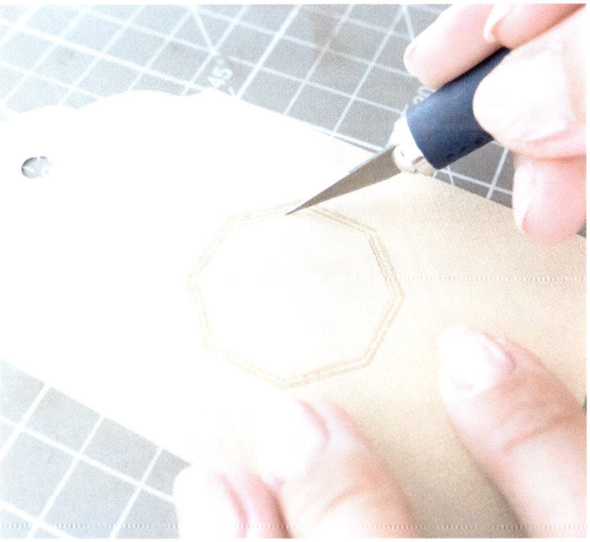

3

Schneide vorsichtig das Innere des Rahmens mit dem Bastelmesser heraus.

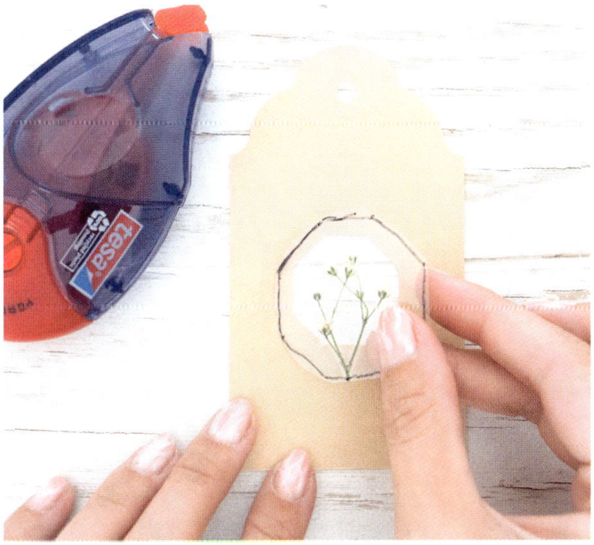

4

Markiere dir mit einem Folienstift auf der Laminierfolie den Bereich, wo sich das Fenster befindet, und schneide die laminierte Blume mit ca. 1 cm Abstand zur Linie aus. Dann klebst du die Blume von hinten, also der Rückseite des Geschenkanhängers auf.

Weiter geht's

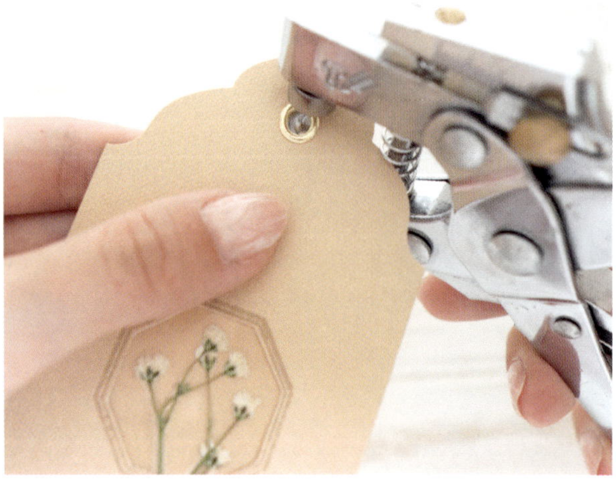

5

Lege nun die beiden Geschenkanhänger deckend übereinander. Die Löcher verbindest du mit der Metallöse – dadurch werden die beiden Anhänger zusammengehalten.

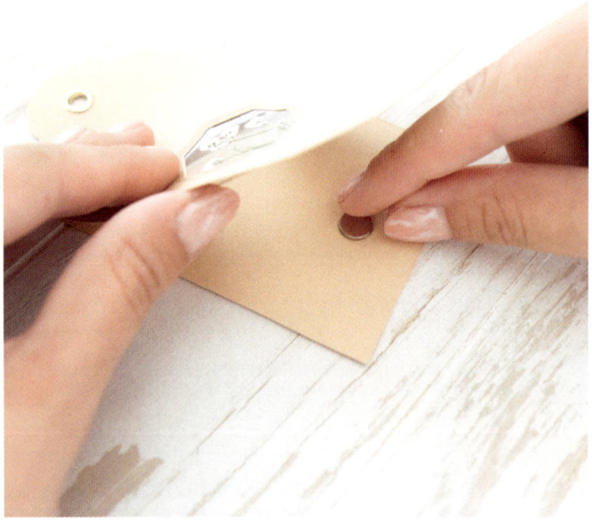

6

Jetzt kommen unsere beiden kleinen Magnete zum Einsatz. Klebe jeweils einen innen auf jeden Geschenkanhänger – achte darauf, sie so aufzukleben, dass sie sich gegenseitig anziehen. Da die Magnetwirkung meist zu stark ist, klebst du einfach noch ein oder zwei Schichten Washi Tape darüber.

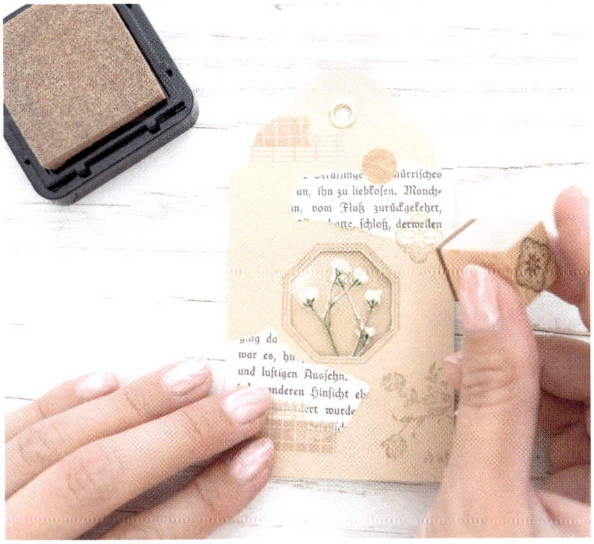

7

Schon ist aus den beiden Anhängern ein Lesezeichen geworden! Du kannst es jetzt mit Washi Tape, Stempeln, Vintage-Papier usw. dekorieren.

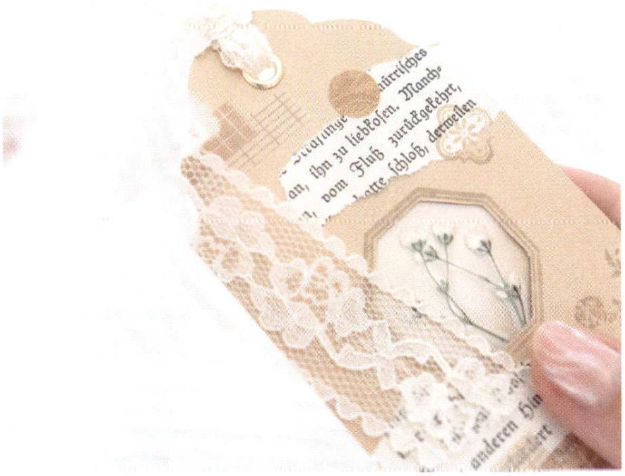

8

Zum Schluss ziehst du noch ein schönes Band durch die Öse und knotest es fest.

Gerade wenn du dein Journal für planende Projekte nutzt, ist eine To-do-Liste absolut essenziell! Damit du aber nicht in endlos vielen Listen versinkst, habe ich ein kleines, immer wieder nutzbares DIY für dich.

PRAKTISCHE *To-do-Liste*

DAS BRAUCHST DU

- dein Journal
- ein Blatt Papier in 20 x 10cm
- ein kleineres Blatt Papier, auf das die To-do-Punkte kommen sollen
- Kleber
- Dekomaterialien
- Buchstabenstempel und Stempelkissen
- gepresste Blumen
- Laminierfolie und Laminiergerät
- Schere
- non-permanent Marker

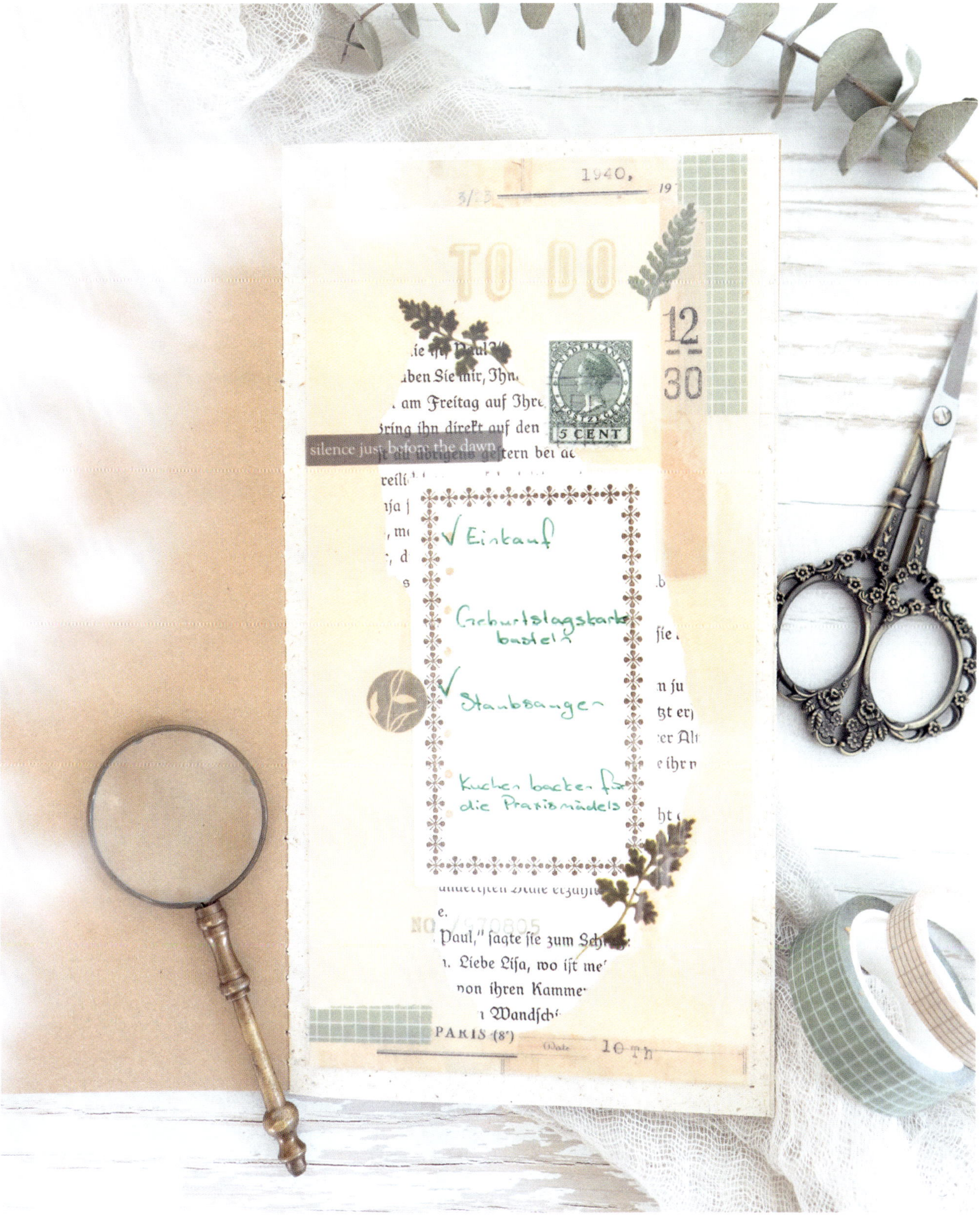

TO DO
1940,
12
30
5 CENT
silence just before the dawn
√Einkauf
Geburtstagskarte basteln
√Staubsauger
Kuchen backen für die Praxismädels
PARIS (8')
10Th

So geht's

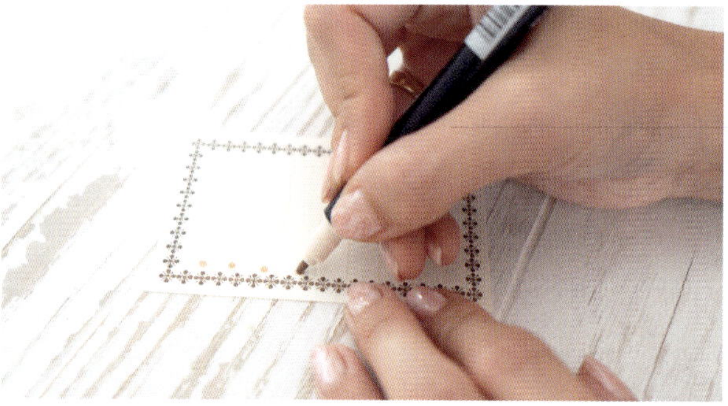

1

Auf das kleinere Blatt Papier ziehst du in regelmäßigen Abständen feine Linien und malst einzelne Punkte für die To-dos.

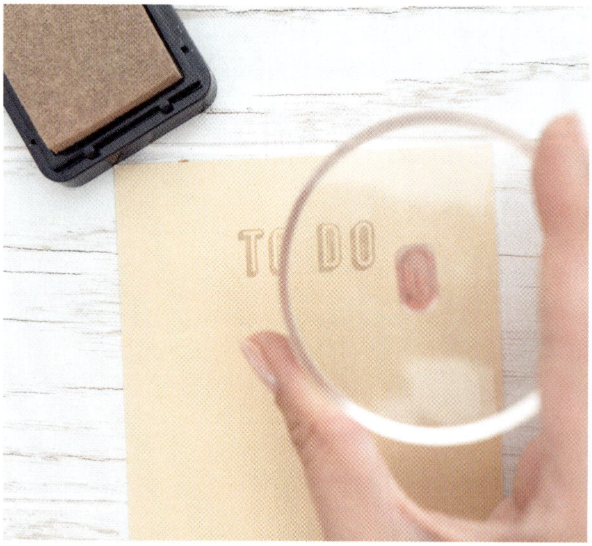

2

Stemple mit den Buchstabenstempeln die Überschrift „To Do“ auf das größere Blatt. Wenn du keine Stempel zur Hand hast, kannst du natürlich auch die Überschrift einfach schreiben oder lettern. Ziehe am besten eine zarte Linie mit einem Bleistift, damit es nicht schief wird. Wenn die Stempelfarbe vollständig getrocknet ist, kannst du die Linien wieder wegradieren.

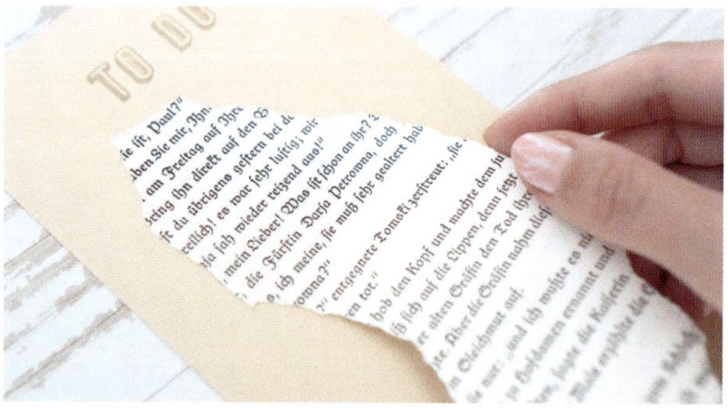

3

Mit ein wenig Vintage-Papier kannst du den Hintergrund noch dekorieren.

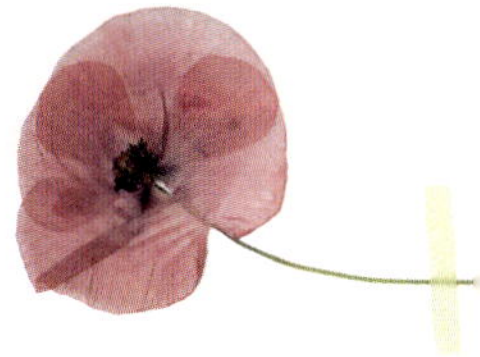

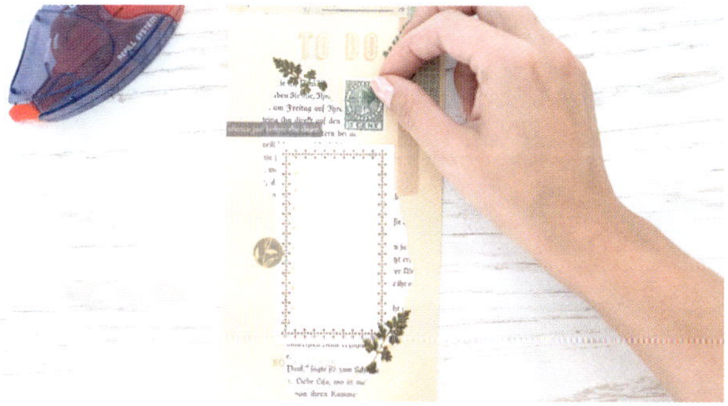

4

Klebe nun das kleinere Blatt Papier auf das größere und dekoriere alles mit Stempeln, Stickern, gepressten Blumen und Washi Tape nach deinem Geschmack.

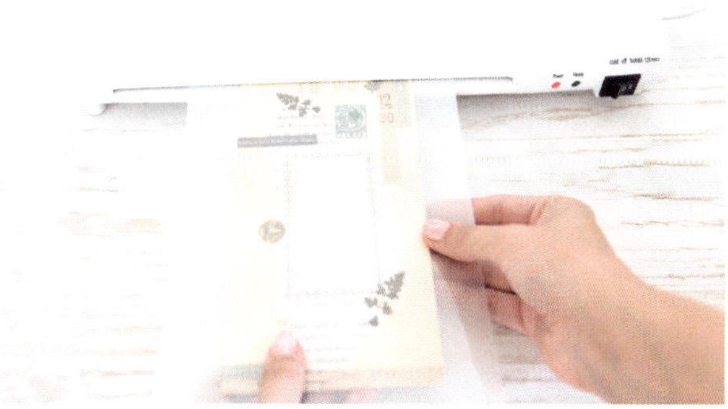

5

Laminiere nun die Seite und schneide die überstehende Folie weg.

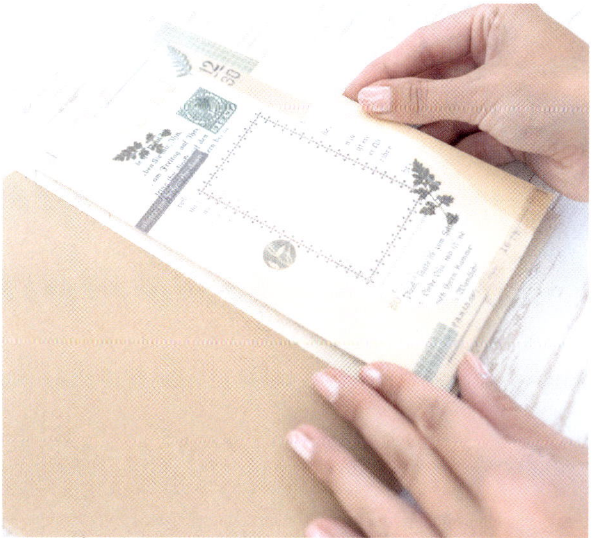

6

Zum Schluss klebst du diese laminierte Seite in dein Journal. Mit einem non-permanent Marker kannst du nun deine To-Do's aufschreiben und danach dank der Laminierung immer wieder mit einem feuchten Tuch abwischen.

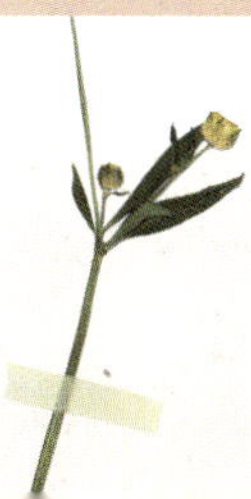

Ein Folder, den du zusammen mit deinem Journal in ein Ledercover stecken kannst, ist immer sehr nützlich. Darin kannst du entweder kleine Erinnerungsstücke aufheben oder auf Reisen kleines Dekomaterial transportieren.

FOLDER *aus Papier*

DAS BRAUCHST DU

- 2 DIN-A4-Seiten und die Folder-Vorlage
- Kleber
- Schere
- Falzbein
- Dekomaterial
- Washi Tape

Unter *www.emf-verlag.de/memory-keeper* kannst du dir die Folder-Vorlage herunterladen.

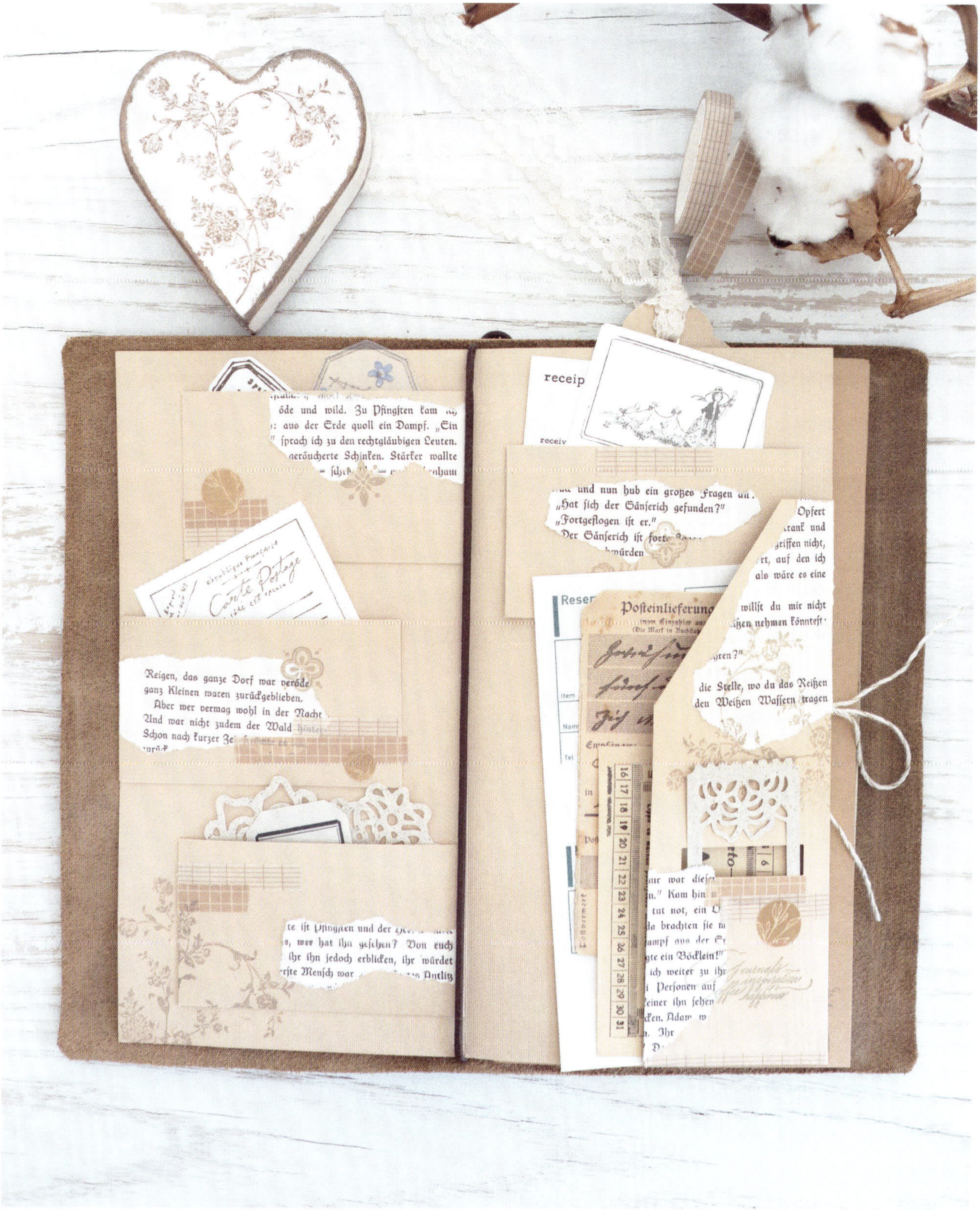

So geht's

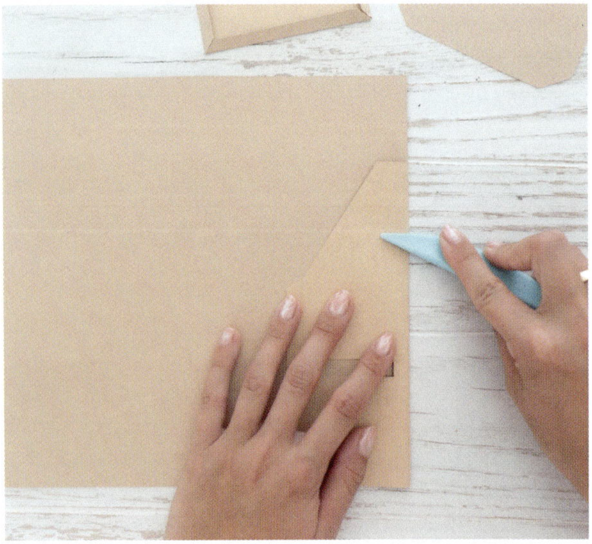

1

Schneide die beiden Seiten anhand der Vorlage aus und falze die Ränder dort, wo sich die gepunkteten Linien auf der Vorlage befinden.

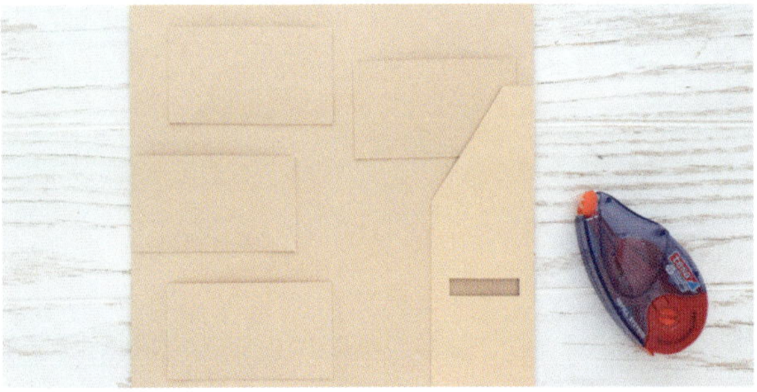

2

Klebe die einzelnen Teile zusammen.

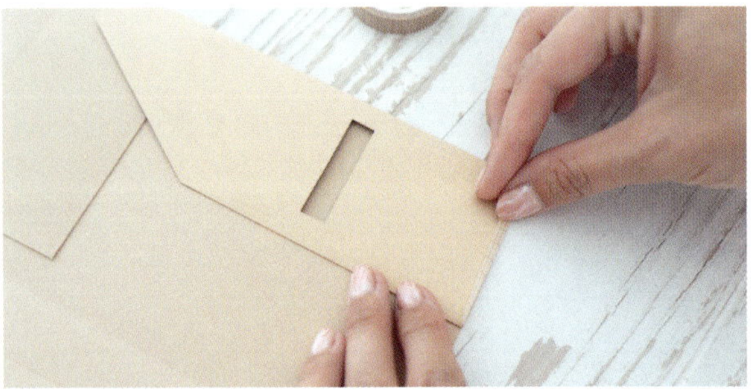

3

Der untere Rand der rechten Tasche wird mit Washi Tape zugeklebt.

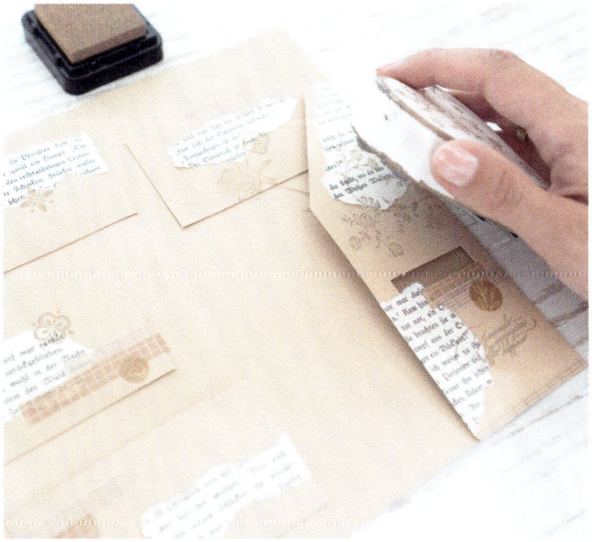

4

Dekoriere den Folder mit Vintage-Papier, Washi Tape, Stempeln und so weiter.

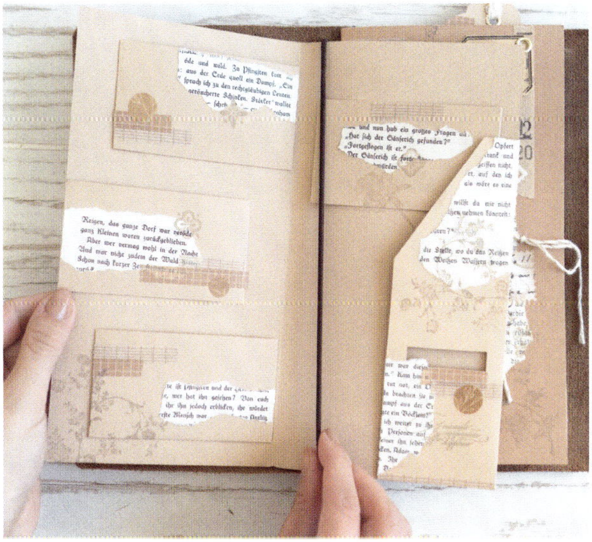

5

Schon ist dein Folder fertig! Zusammen mit deinem Journal kannst du ihn nun in das Ledercover packen.

Es ist manchmal gar nicht so einfach, schöne alte Tickets in einem (Online-)Shop oder auch auf dem Flohmarkt zu finden. Aber keine Sorge – mit etwas Papier, einem Locher und Stempeln sind diese ruckzuck selbst gemacht und können als Dekoration für dein Journal verwendet werden!

SELBST GEMACHTE *Vintage-Tickets*

DAS BRAUCHST DU

- DIN-A4-Papier deiner Wahl (ich bevorzuge Kraftpapier)
- Schere
- Locher
- Mini-Rollenschneider (du kannst alternativ auch ein altes Kopierrädchen oder eine Stecknadel verwenden)
- Stempel
- Stempelfarbe in Schwarz/ Dunkelbraun und Hellbraun
- Schwämmchen

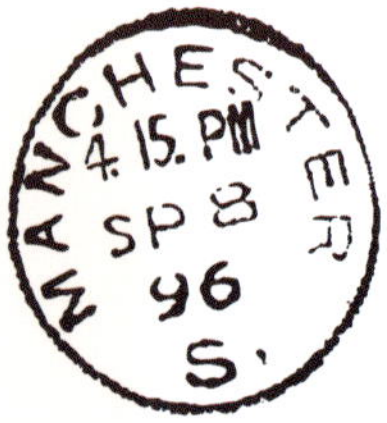

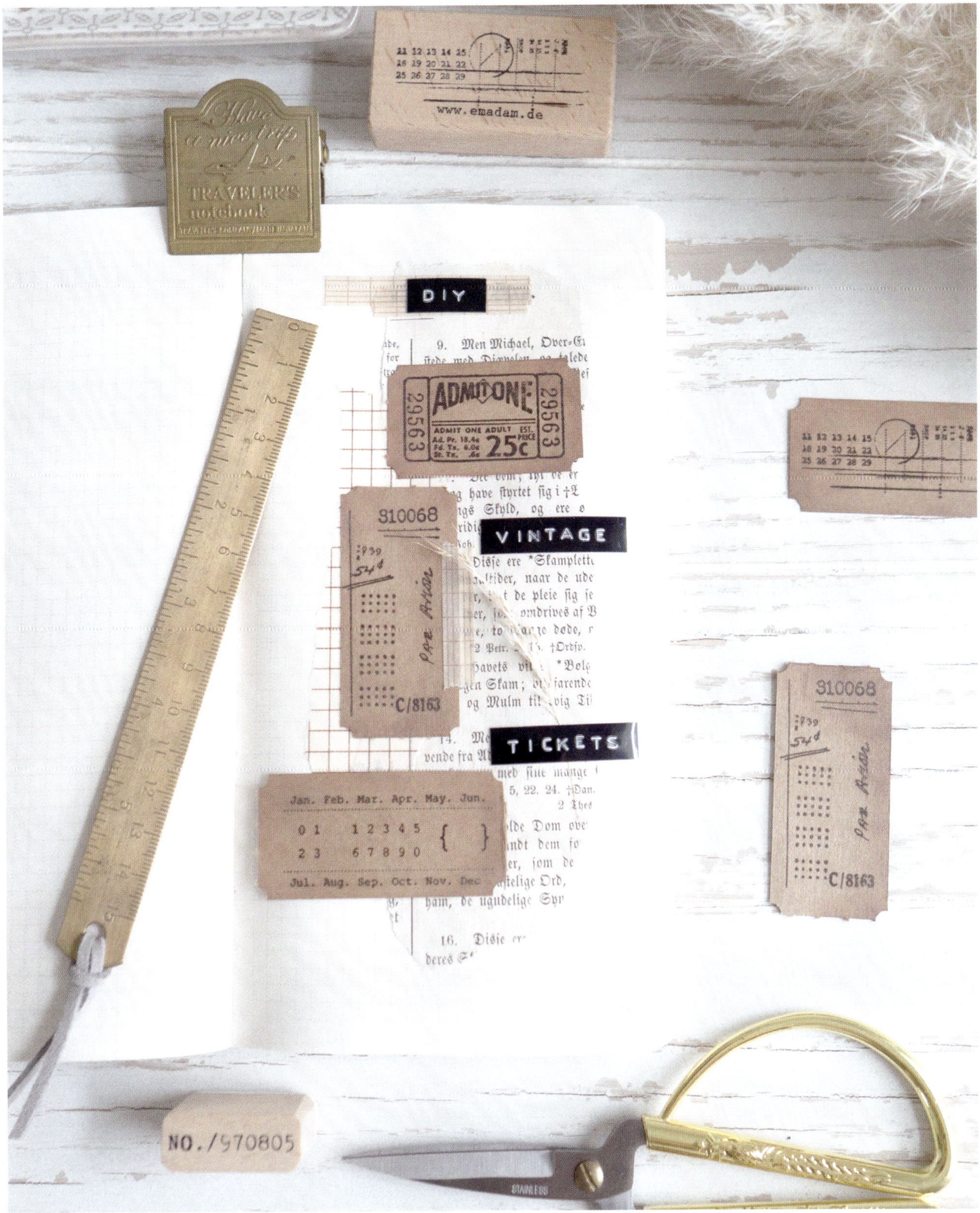
DIY
VINTAGE
TICKETS
www.emadam.de
TRAVELER'S notebook
NO./970805

So geht's

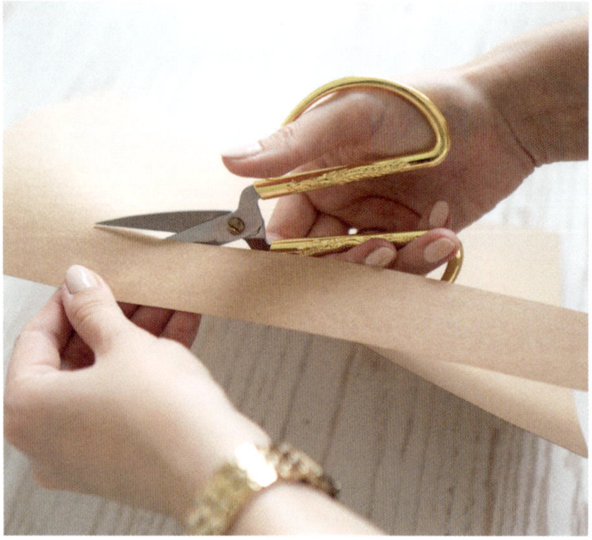

1

Schneide das Papier längs in 3 cm breite Streifen und knicke alle 6 cm die jeweiligen Streifen um (das dient dir zur Markierung). Das letzte Ticket wird dadurch etwas kürzer, aber das ist nicht weiter schlimm.

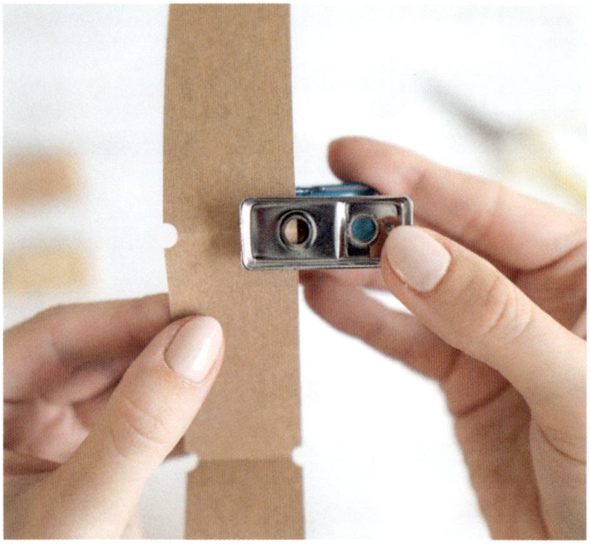

2

Jetzt kommt der Locher zum Einsatz – wenn du den Auffangschutz auf der Rückseite entfernst, siehst du besser, wo du die Löcher positionieren kannst. Stanze an jeder Knickfalte ein halbes Loch aus und an den jeweiligen Enden ein Viertelloch.

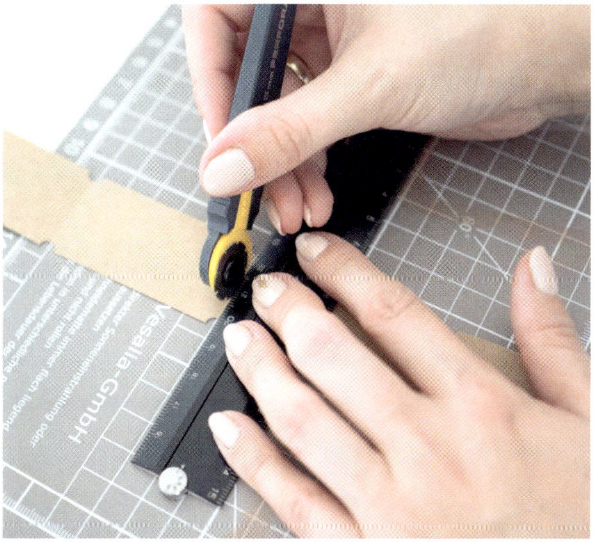

3

Um die für Tickets typische Perforation nachzuahmen, kannst du entweder mit einem Mini-Rollenschneider mit Perforationsklinge an der Knickfalte entlanggehen oder du nimmst ein Kopierrädchen oder auch eine Stecknadel dafür her. Achte bei der Stecknadel darauf, die Löcher schön gleichmäßig zu setzen. Nimm am besten ein Lineal zu Hilfe und eine Schneidematte als Unterlage!

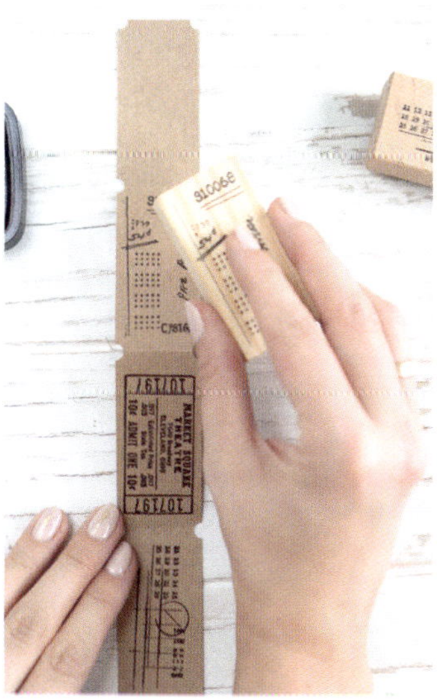

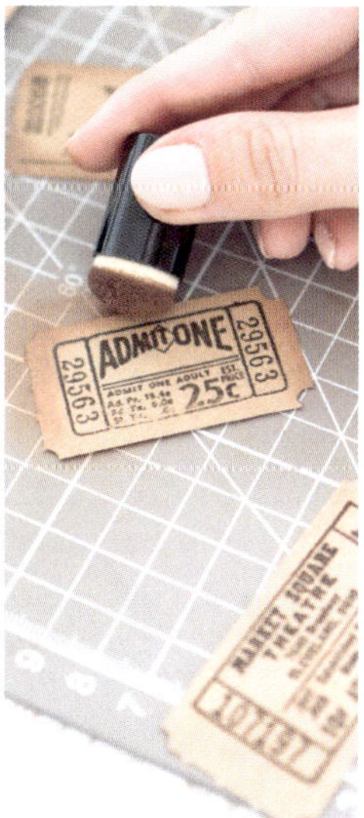

4

Jetzt sehen die einzelnen Streifen schon wie Tickets aus, oder?

Du kannst sie nun nach Lust und Laune bestempeln – ich verwende dafür dunkelbraune Stempelfarbe.

5

Um den Tickets noch den letzten Schliff zu verpassen und einen richtigen Vintage-Look zu erzielen, kannst du mit hellbrauner Stempelfarbe und einem kleinen Schwämmchen am Rand entlangtupfen.

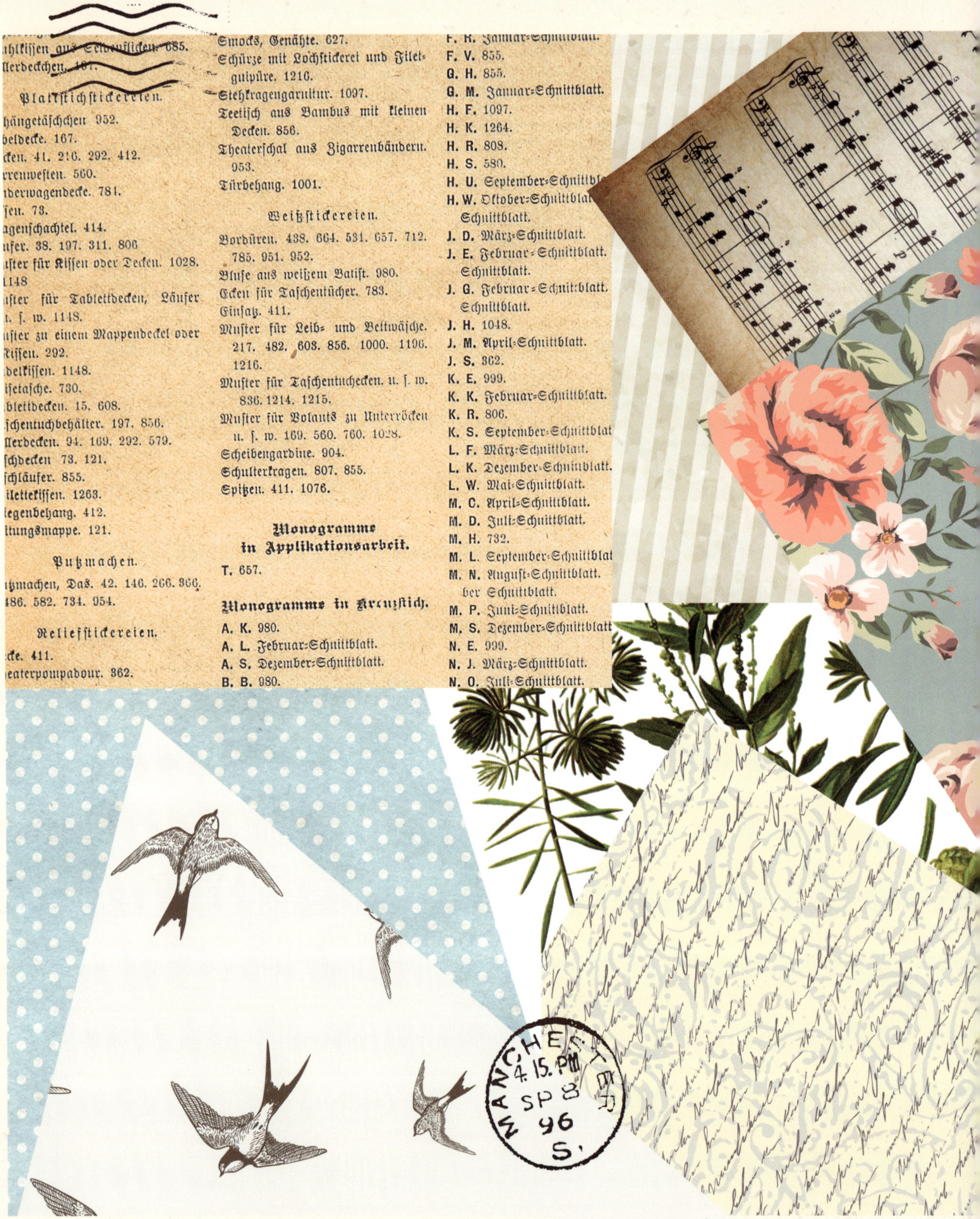
uhlkissen aus Seidenflicken. 685.
ellerdeckchen. 167.
Plattstichstickereien.
hängetäschchen 952.
beldecke. 167.
cken. 41. 216. 292. 412.
rrenwesten. 560.
nderwagendecke. 781.
sen. 73.
agenschachtel. 414.
ufer. 38. 197. 311. 806
uster für Kissen oder Decken. 1028.
1148
uster für Tablettdecken, Läufer
u. s. w. 1148.
uster zu einem Mappendeckel oder
Kissen. 292.
delkissen. 1148.
isetasche. 730.
blettdecken. 15. 608.
schentuchbehälter. 197. 856.
llerdecken. 94. 169. 292. 579.
schdecken 73. 121.
schläufer. 855.
ilettekissen. 1263.
iegenbehang. 412.
itungsmappe. 121.
Putzmachen.
utzmachen, Das. 42. 146. 266. 366.
486. 582. 734. 954.
Reliefstickereien.
cke. 411.
eaterpompadour. 362.
Smocks, Genähte. 627.
Schürze mit Lochstickerei und Filetguipüre. 1216.
Stehkragengarnitur. 1097.
Teetisch aus Bambus mit kleinen Decken. 856.
Theaterschal aus Zigarrenbändern. 953.
Türbehang. 1001.
Weißstickereien.
Bordüren. 438. 664. 531. 657. 712. 785. 951. 952.
Bluse aus weißem Batist. 980.
Ecken für Taschentücher. 783.
Einsatz. 411.
Muster für Leib- und Bettwäsche. 217. 482. 603. 856. 1000. 1196. 1216.
Muster für Taschentuchecken. u. s. w. 836. 1214. 1215.
Muster für Volants zu Unterröcken u. s. w. 169. 560. 760. 1028.
Scheibengardine. 904.
Schulterkragen. 807. 855.
Spitzen. 411. 1076.
Monogramme in Applikationsarbeit.
T. 657.
Monogramme in Kreuzstich.
A. K. 980.
A. L. Februar-Schnittblatt.
A. S. Dezember-Schnittblatt.
B. B. 980.
F. V. 855.
G. H. 855.
G. M. Januar-Schnittblatt.
H. F. 1097.
H. K. 1264.
H. R. 808.
H. S. 580.
H. U. September-Schnittbl
H. W. Oktober-Schnittblatt.
Schnittblatt.
J. D. März-Schnittblatt.
J. E. Februar-Schnittblatt.
Schnittblatt.
J. G. Februar-Schnittblatt.
Schnittblatt.
J. H. 1048.
J. M. April-Schnittblatt.
J. S. 362.
K. E. 999.
K. K. Februar-Schnittblatt.
K. R. 806.
K. S. September-Schnittblat
L. F. März-Schnittblatt.
L. K. Dezember-Schnittblatt.
L. W. Mai-Schnittblatt.
M. C. April-Schnittblatt.
M. D. Juli-Schnittblatt.
M. H. 732.
M. L. September-Schnittblat
M. N. August-Schnittblatt.
ber Schnittblatt.
M. P. Juni-Schnittblatt.
M. S. Dezember-Schnittblatt
N. E. 999.
N. J. März-Schnittblatt.
N. O. Juli-Schnittblatt.
MANCHESTER
4.15 PM
SP 8
96
S.

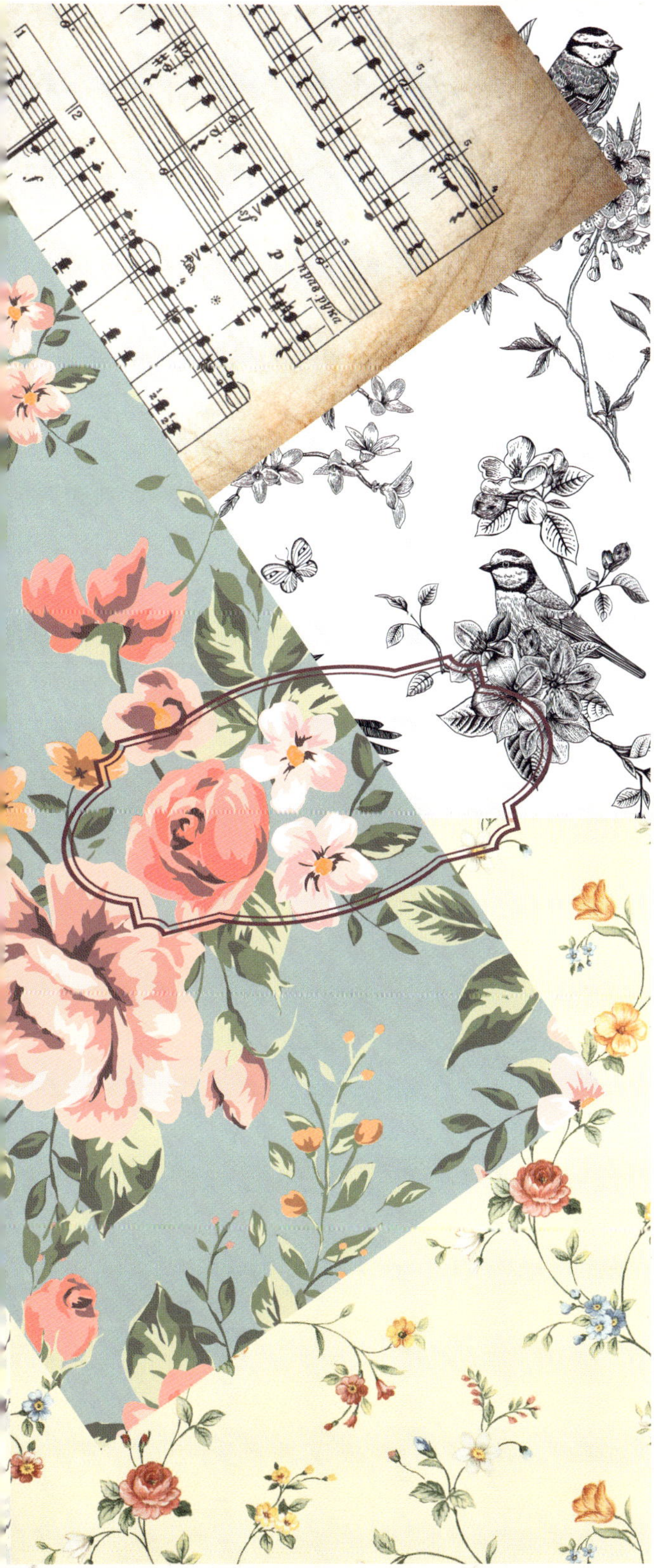

Papiere

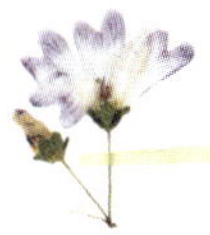

Es war mir ein großes Anliegen, dass du, sobald du dieses Buch in den Händen hältst, sofort mit dem Journaling anfangen kannst. Da ich weiß, wie schwierig und kostspielig es sein kann, die passenden Buchseiten, Sticker und Stempel zu finden, habe ich dir einen wunderbaren Fundus an Papieren und Vintage Motiven zusammengestellt, mit denen du ganz bestimmt zauberhafte Journal Spreads erstellen wirst. Ich wünsche dir viel Spaß beim „Verbasteln“!

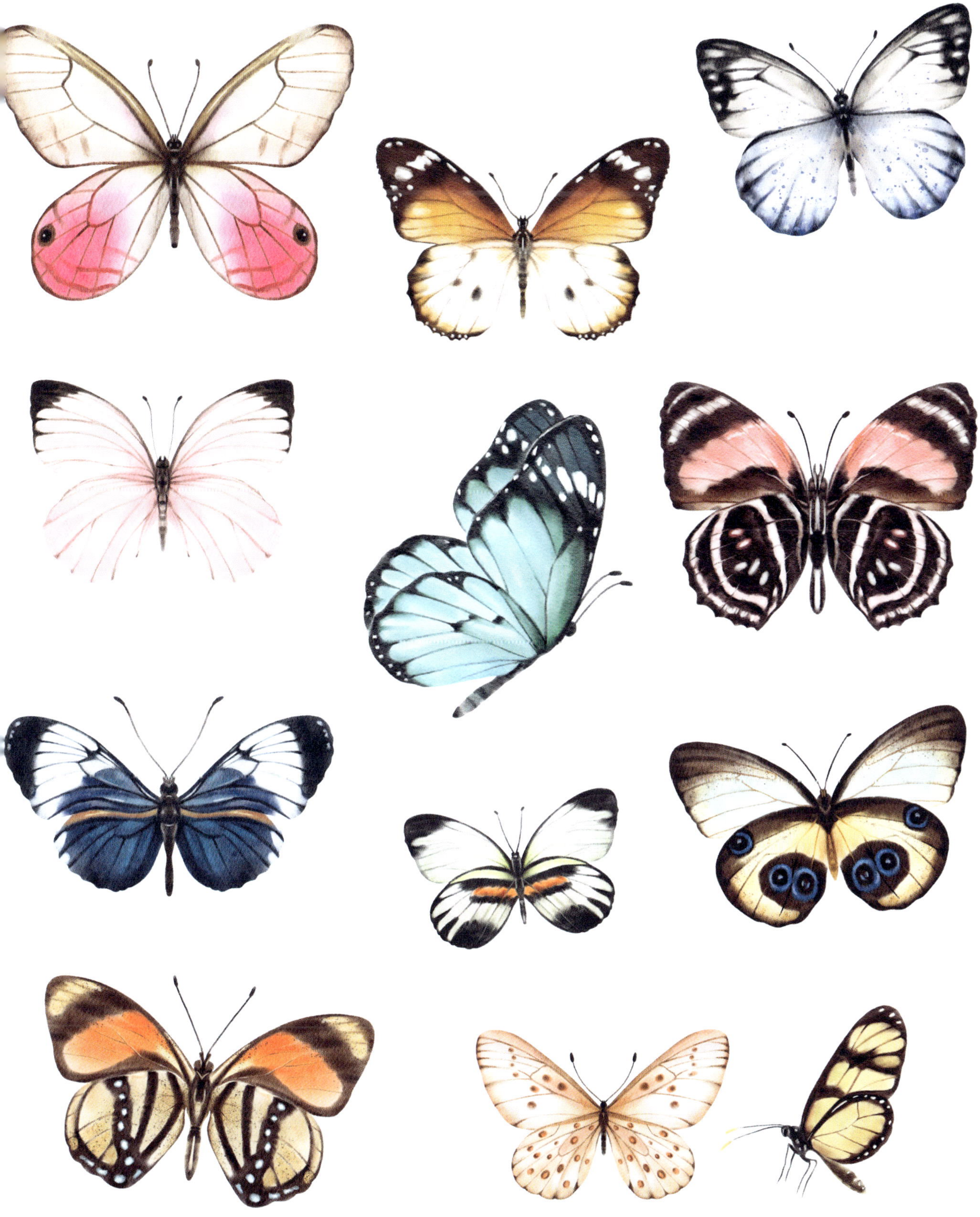

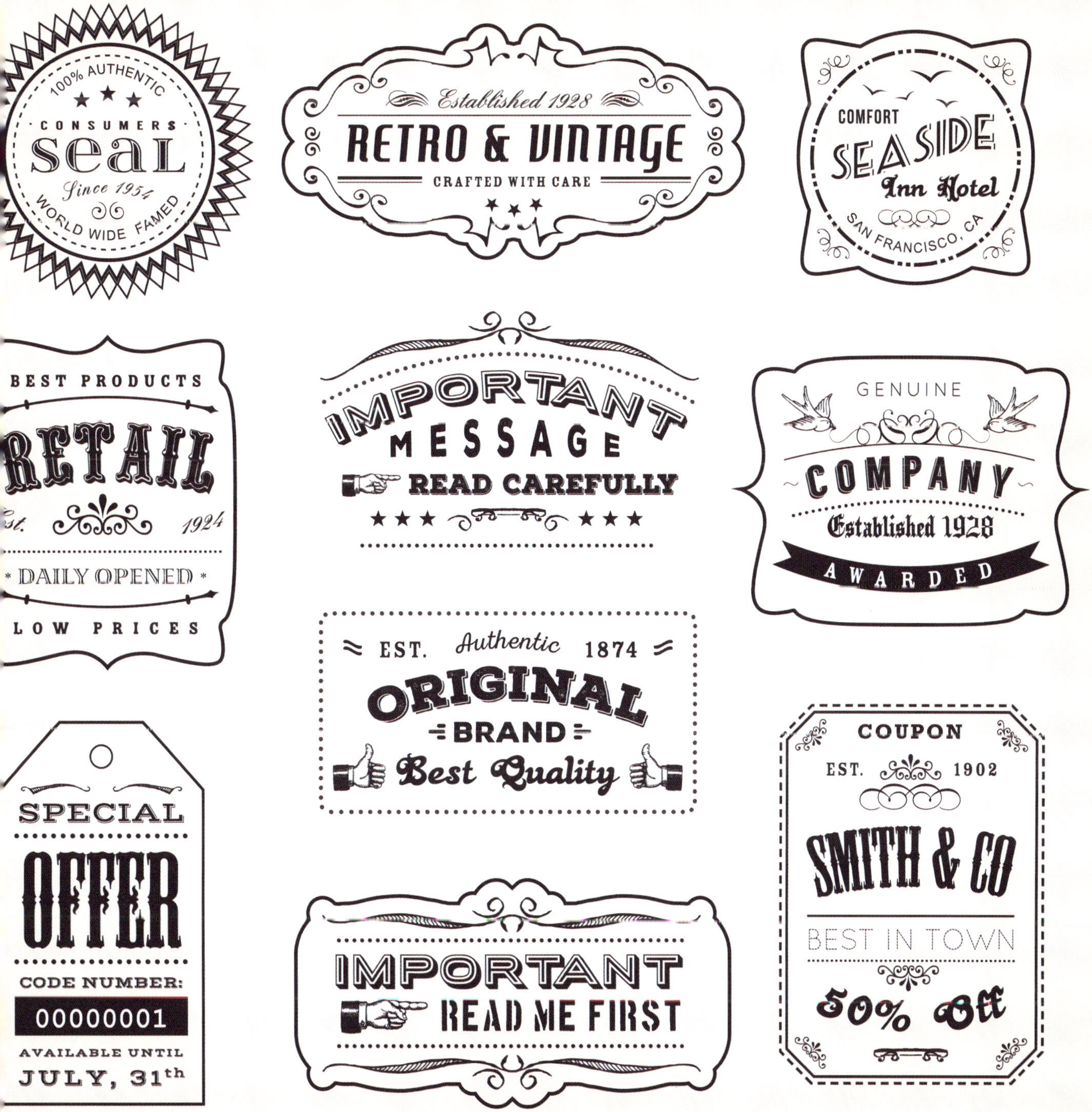
100% AUTHENTIC
CONSUMERS
seal
Since 1954
WORLD WIDE FAMED
Established 1928
RETRO & VINTAGE
CRAFTED WITH CARE
COMFORT
SEASIDE
Inn Hotel
SAN FRANCISCO, CA
BEST PRODUCTS
RETAIL
Est. 1924
DAILY OPENED
LOW PRICES
IMPORTANT
MESSAGE
READ CAREFULLY
GENUINE
COMPANY
Established 1928
AWARDED
EST. Authentic 1874
ORIGINAL
BRAND
Best Quality
SPECIAL
OFFER
CODE NUMBER:
00000001
AVAILABLE UNTIL
JULY, 31th
COUPON
EST. 1902
SMITH & CO
BEST IN TOWN
50% Off
IMPORTANT
READ ME FIRST

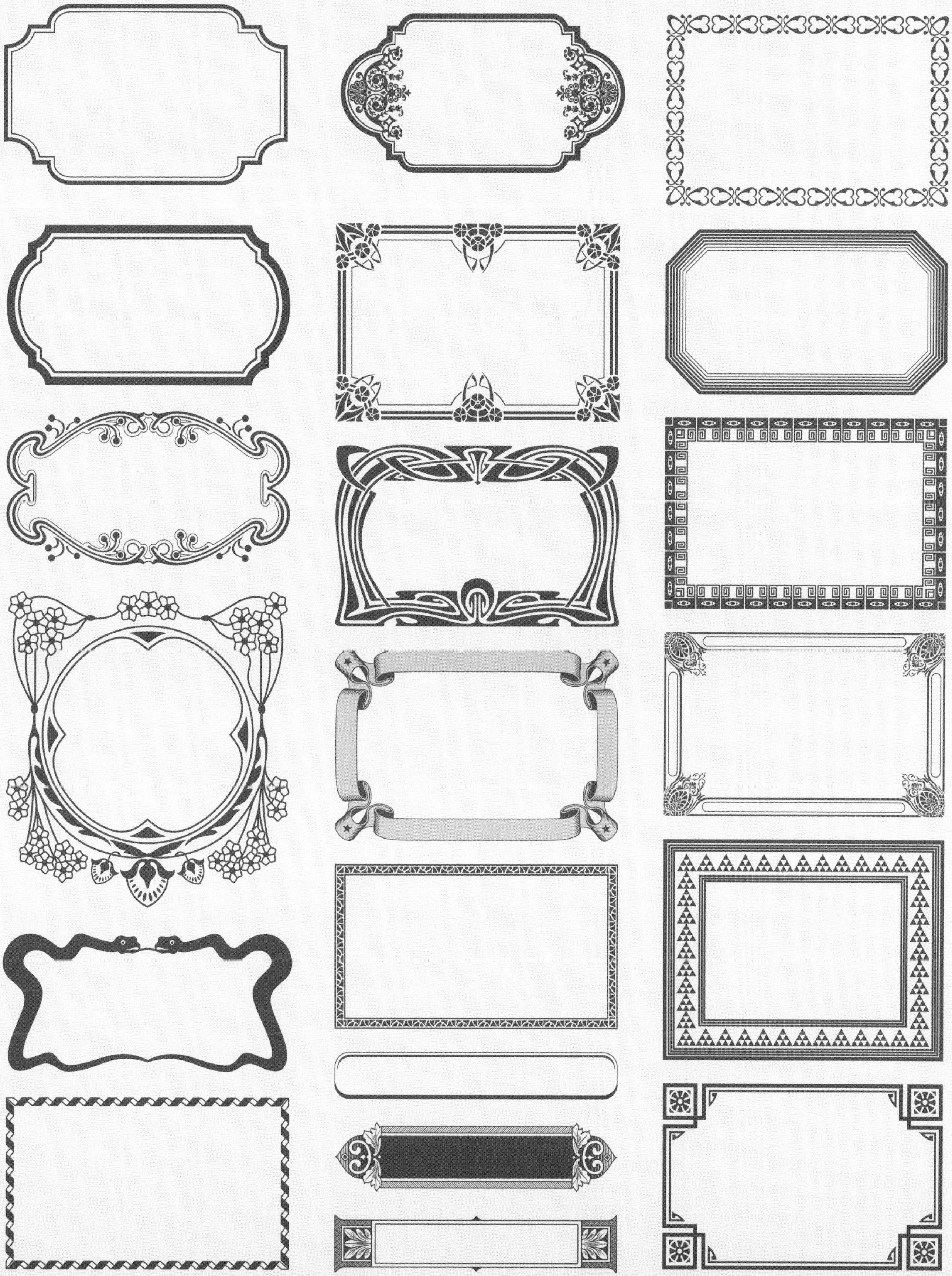

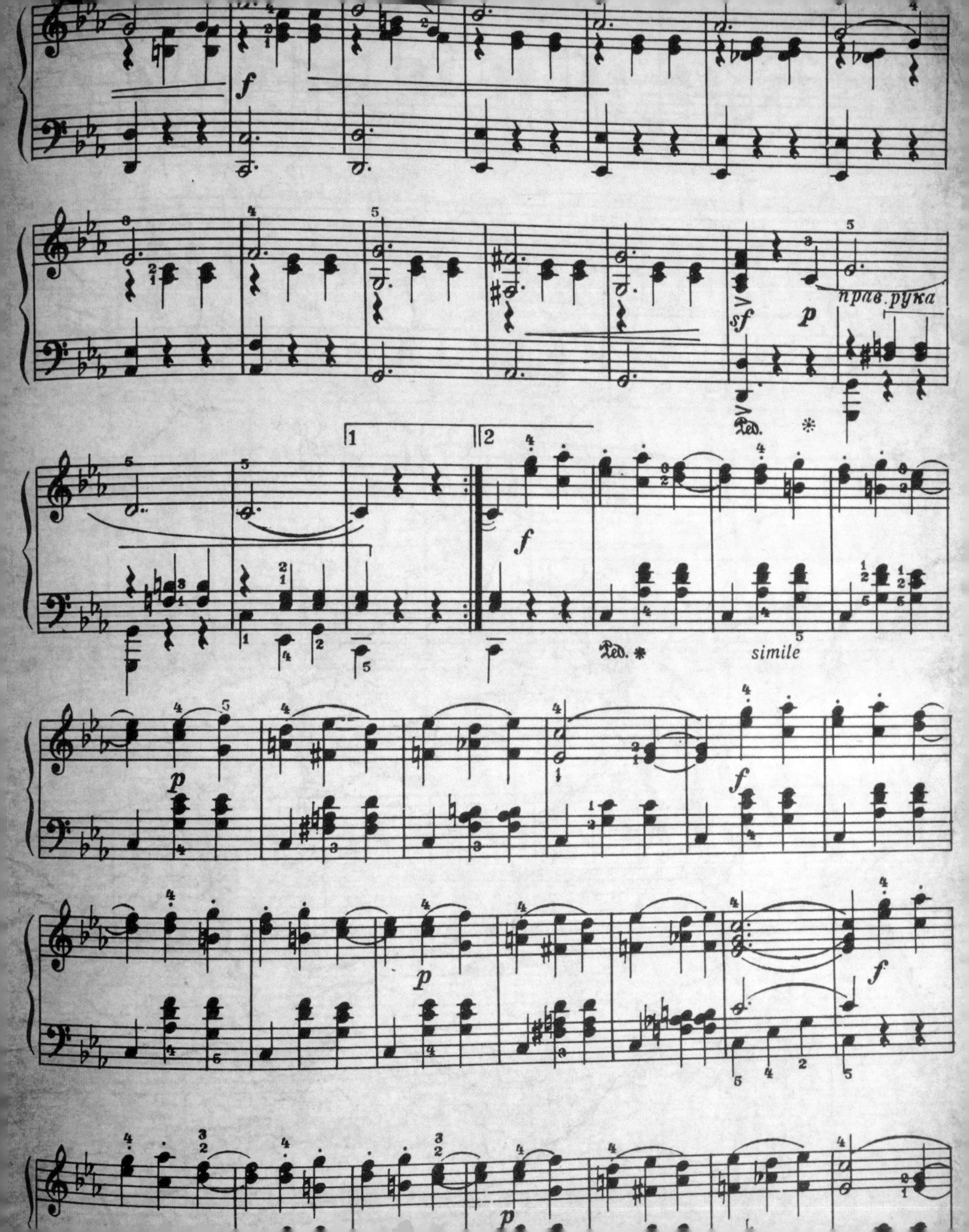
прав.рука
simile

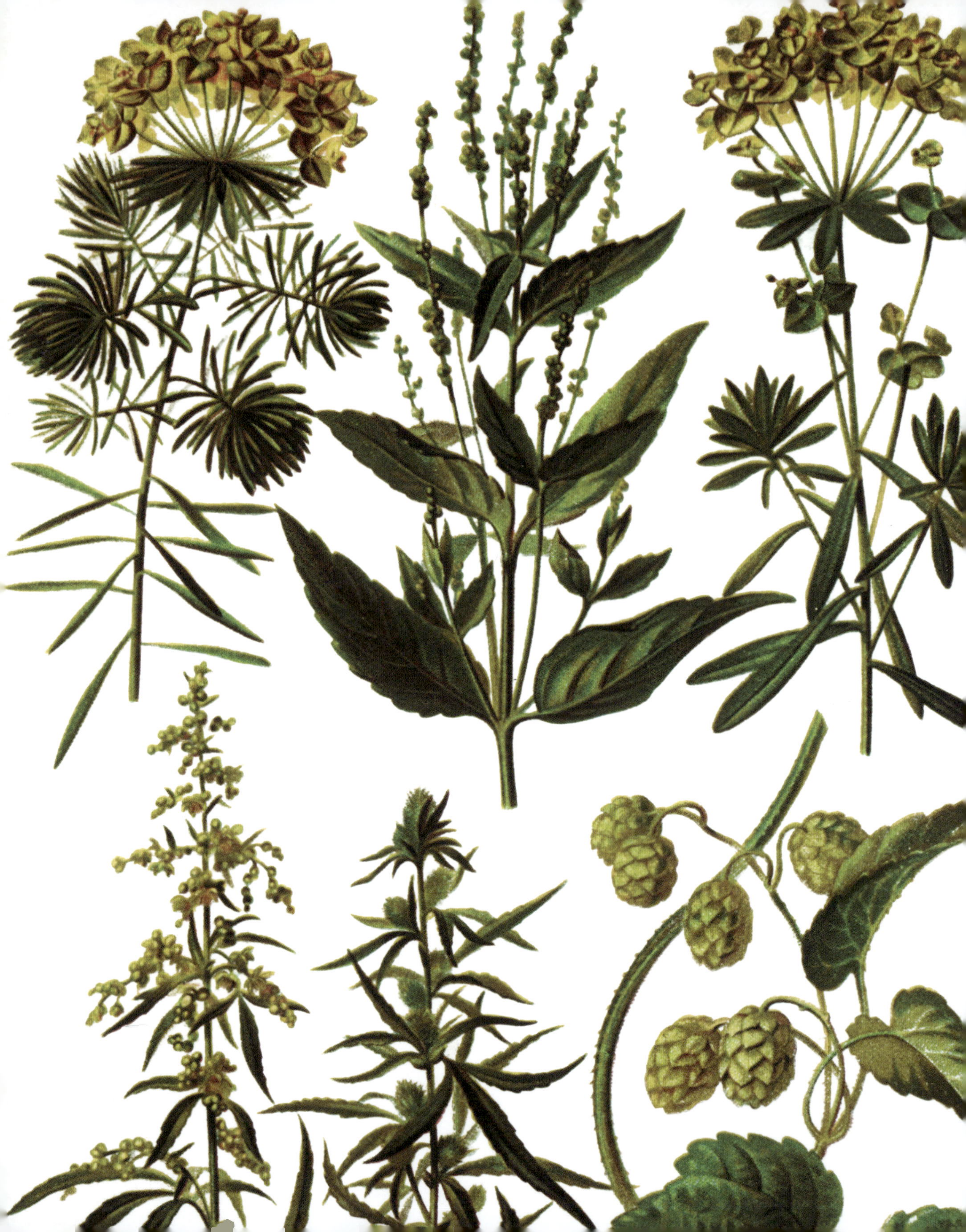

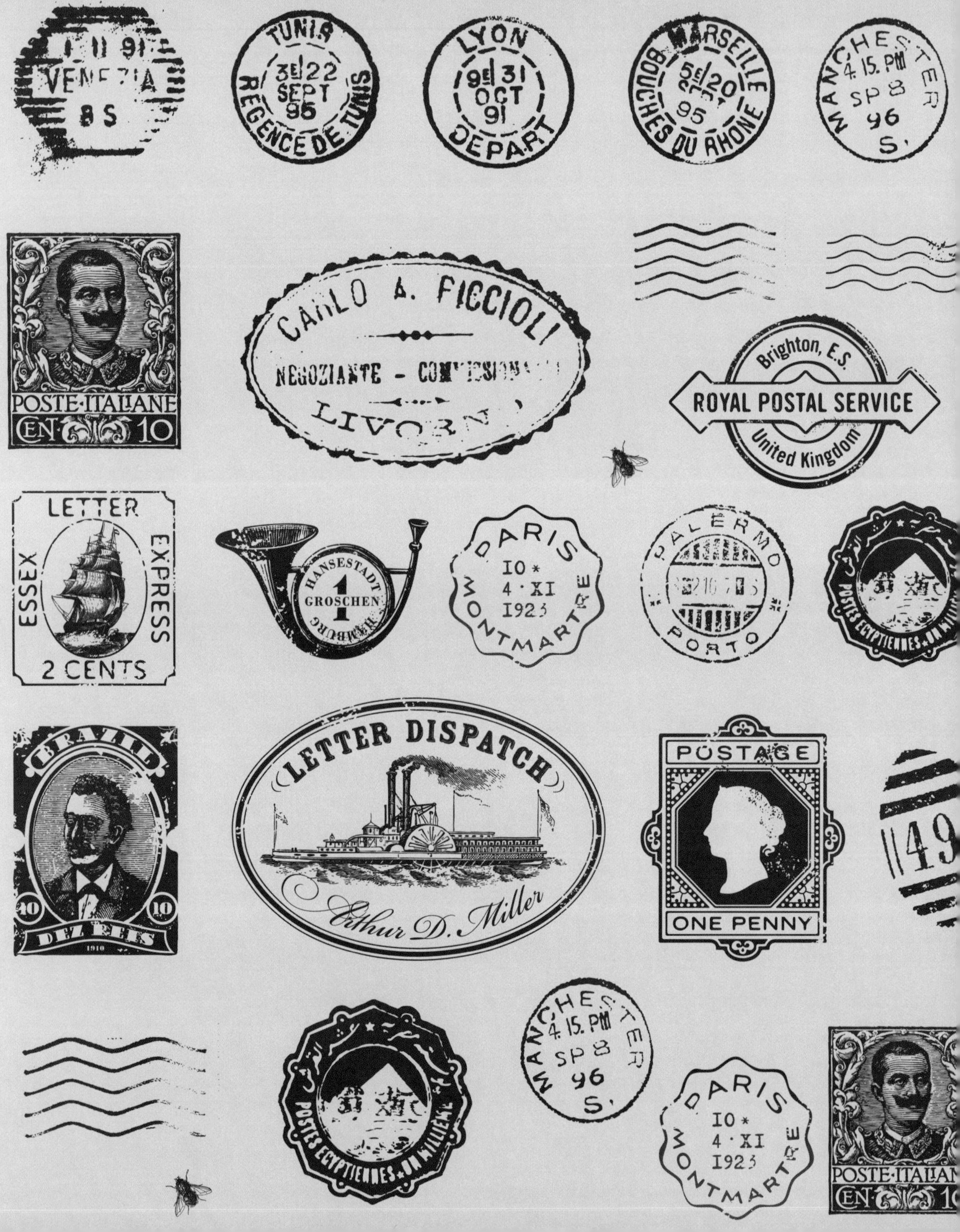

VENEZIA
TUNIS
3E 22 SEPT 95
REGENCE DE TUNIS
LYON
9E 31 OCT 91
DEPART
MARSEILLE
BOUCHES DU RHONE
5E 20
95
MANCHESTER
4.15. PM
SP 8
96
S.
CARLO A. FICCIOLI
NEGOZIANTE
LIVORN
POSTE·ITALIANE
CEN 10
Brighton, E.S.
ROYAL POSTAL SERVICE
United Kingdom
LETTER
ESSEX
EXPRESS
2 CENTS
HANSESTADT
1
GROSCHEN
HAMBURG
PARIS
IO *
4 · XI
1923
MONTMARTRE
PALERMO
PORTO
POSTES EGYPTIENNES
BRAZIL
10
1910
LETTER DISPATCH
Arthur D. Miller
POSTAGE
ONE PENNY
49
MANCHESTER
4.15. PM
SP 8
96
S.
POSTES EGYPTIENNES
PARIS
IO *
4 · XI
1923
MONTMARTRE
POSTE·ITALIAN

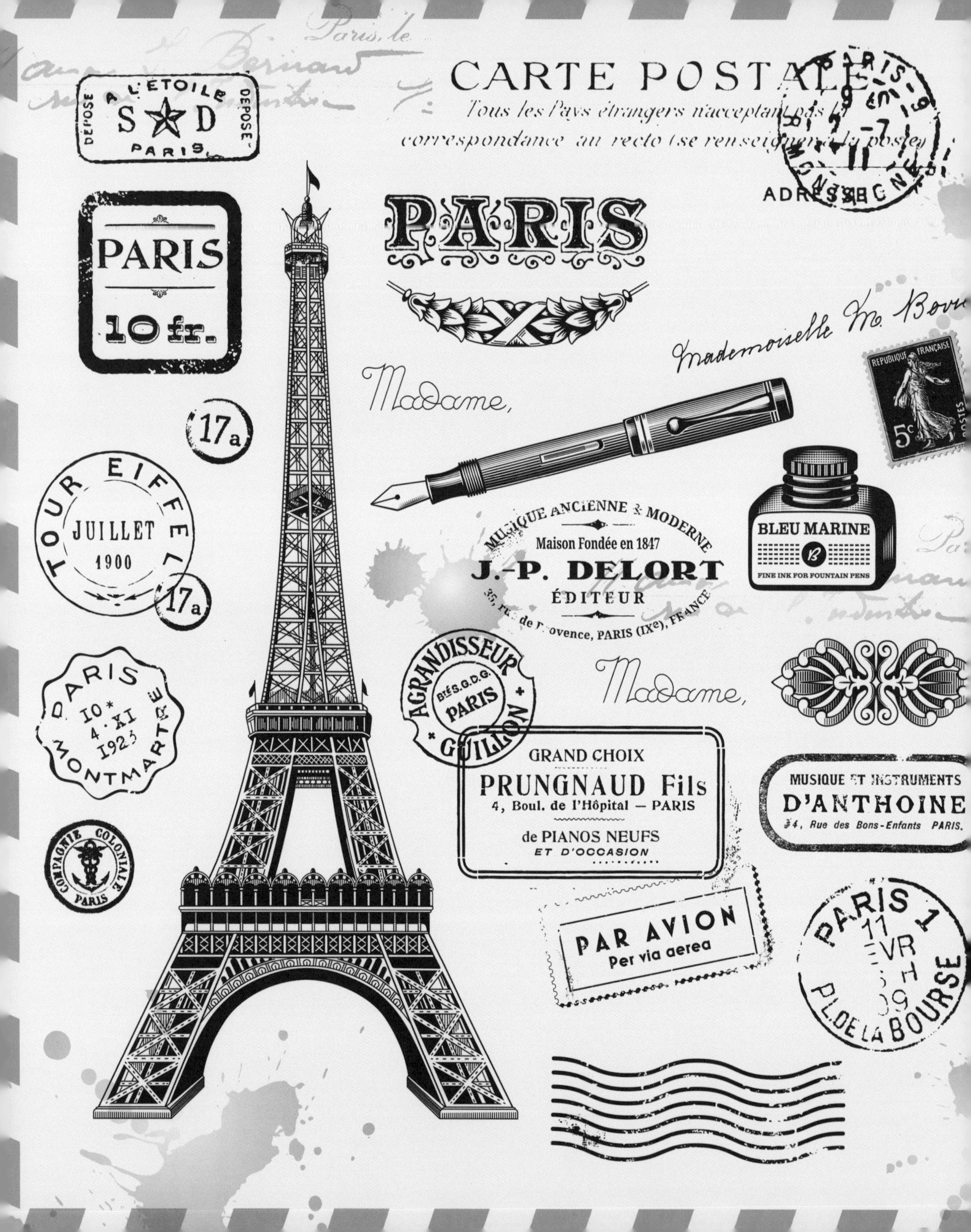
Paris, le
CARTE POSTALE
Tous les Pays étrangers n'acceptant pas la
correspondance au recto (se renseigner à la poste)
ADRESSE
A L'ETOILE
DEPOSE
S D
PARIS
PARIS
10 fr.
PARIS
Madame,
Mademoiselle M. Bou
REPUBLIQUE FRANÇAISE
5c
POSTES
17a
TOUR EIFFEL
JUILLET
1900
17a
MUSIQUE ANCIENNE & MODERNE
Maison Fondée en 1847
J.-P. DELORT
ÉDITEUR
de Provence, PARIS (IXe), FRANCE
BLEU MARINE
FINE INK FOR FOUNTAIN PENS
PARIS
10 *
4 · XI
1923
MONTMARTRE
AGRANDISSEUR
BTÉS.G.D.G.
PARIS
GUILLON
Madame,
GRAND CHOIX
PRUNGNAUD Fils
4, Boul. de l'Hôpital – PARIS
de PIANOS NEUFS
ET D'OCCASION
MUSIQUE ET INSTRUMENTS
D'ANTHOINE
34, Rue des Bons-Enfants PARIS.
COMPAGNIE COLONIALE
PARIS
PAR AVION
Per via aerea
PARIS 1
PL. DE LA BOURSE

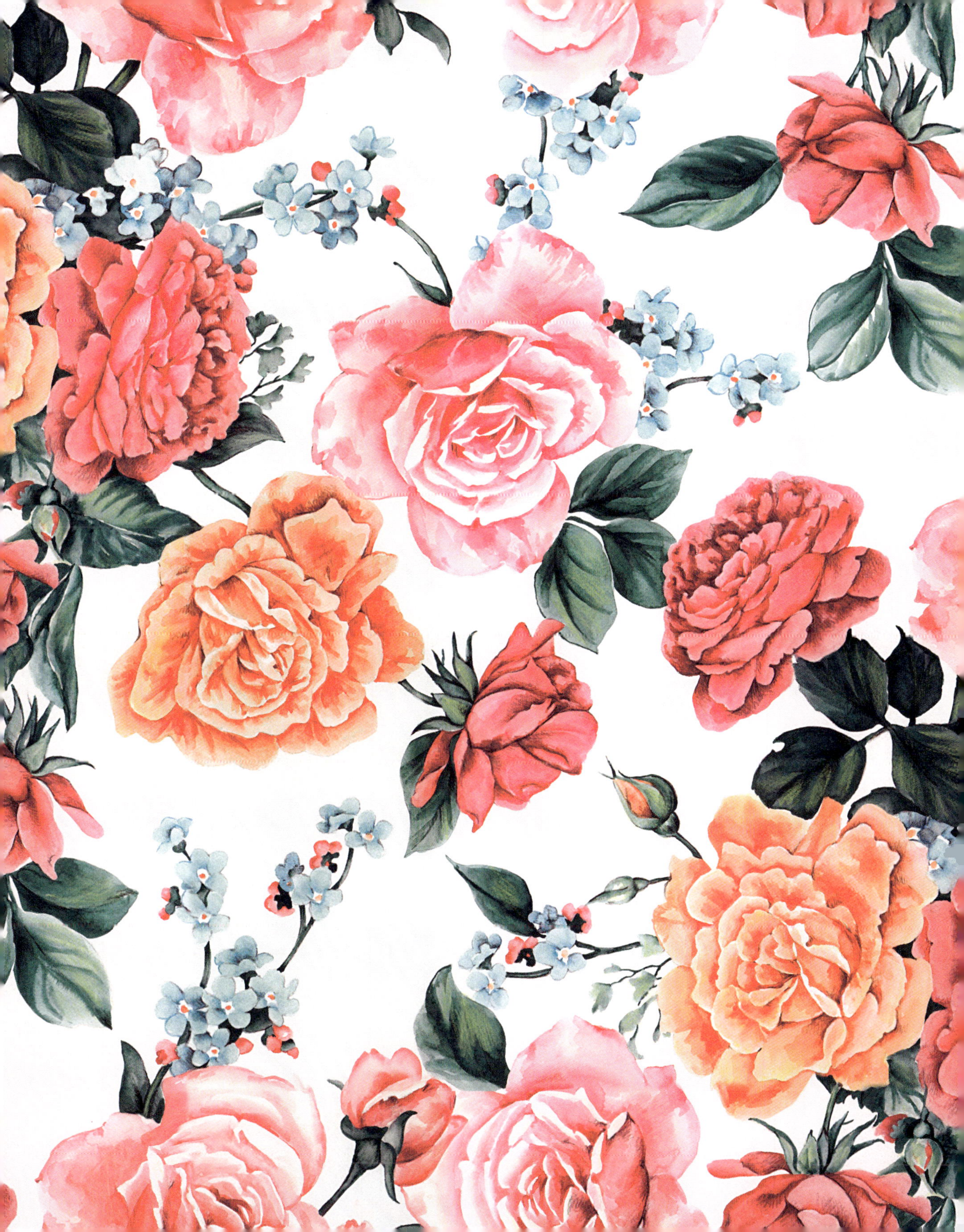

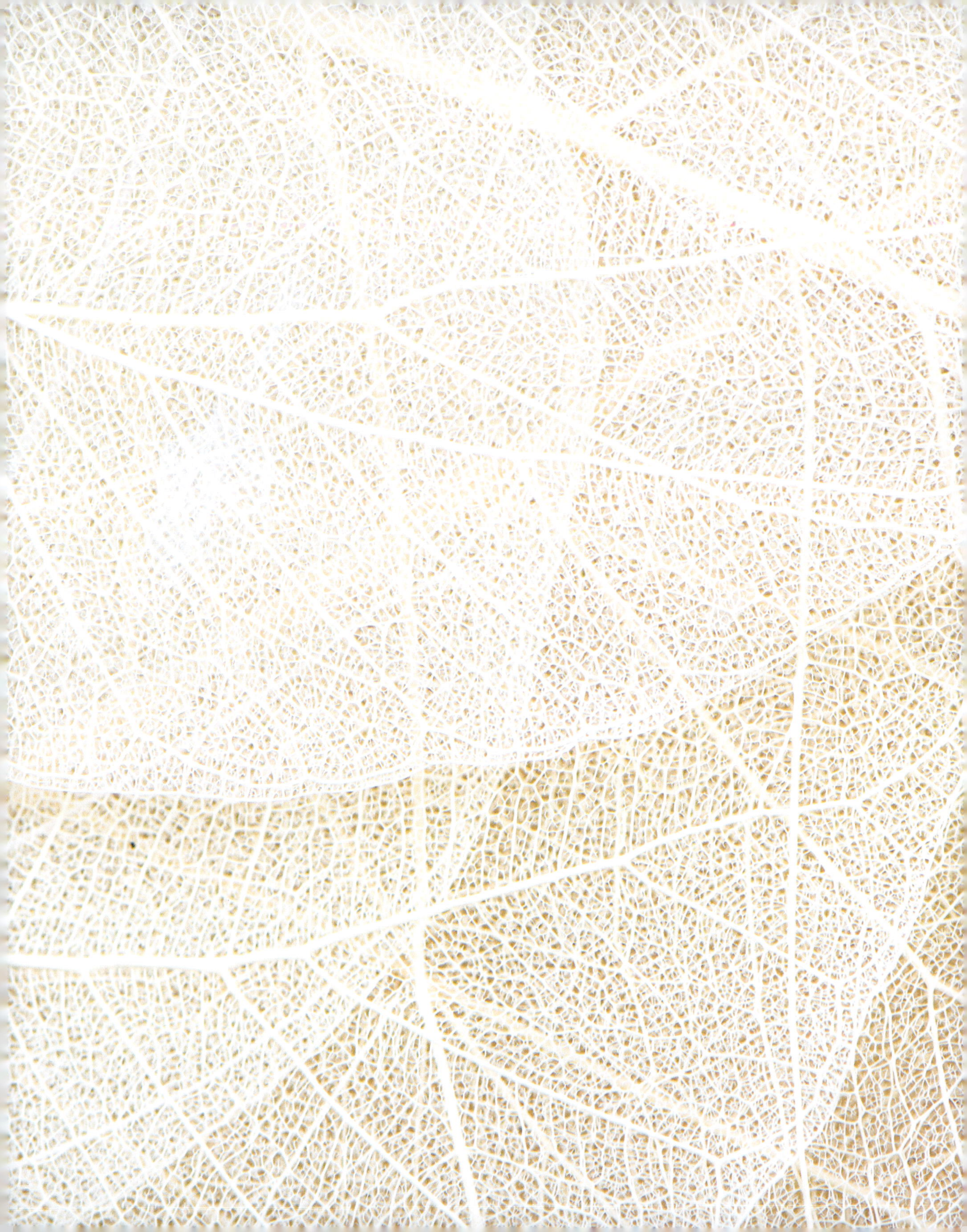

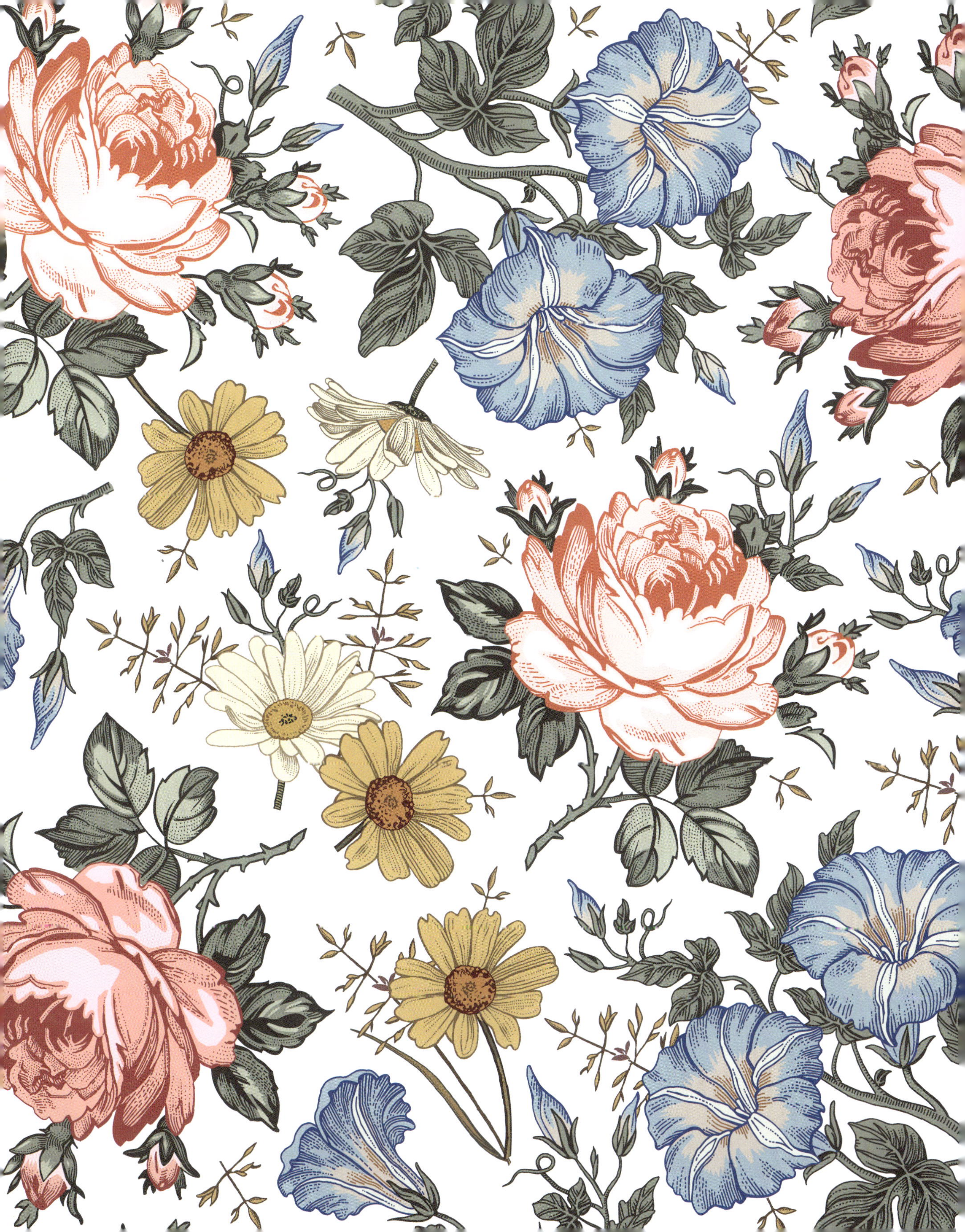

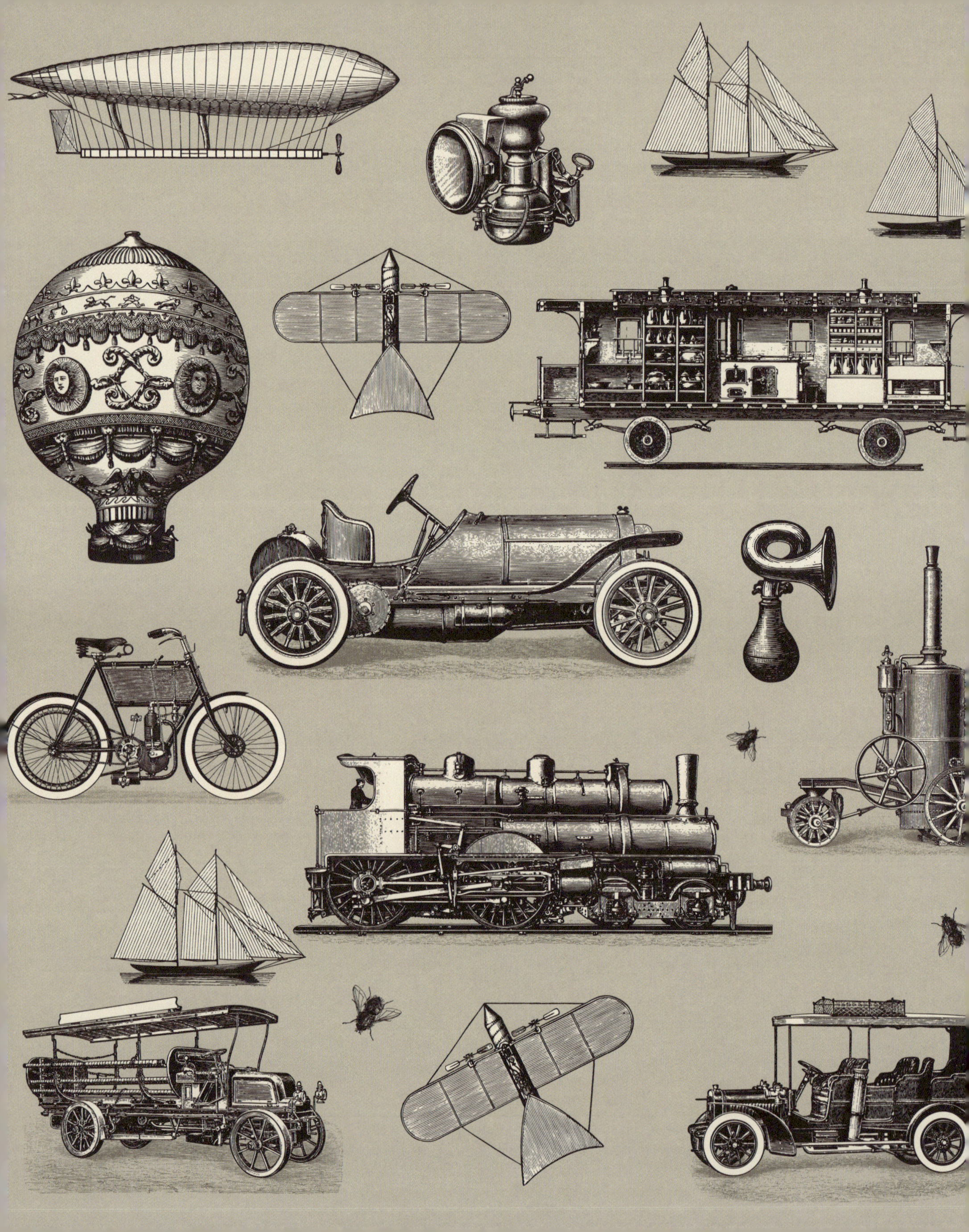

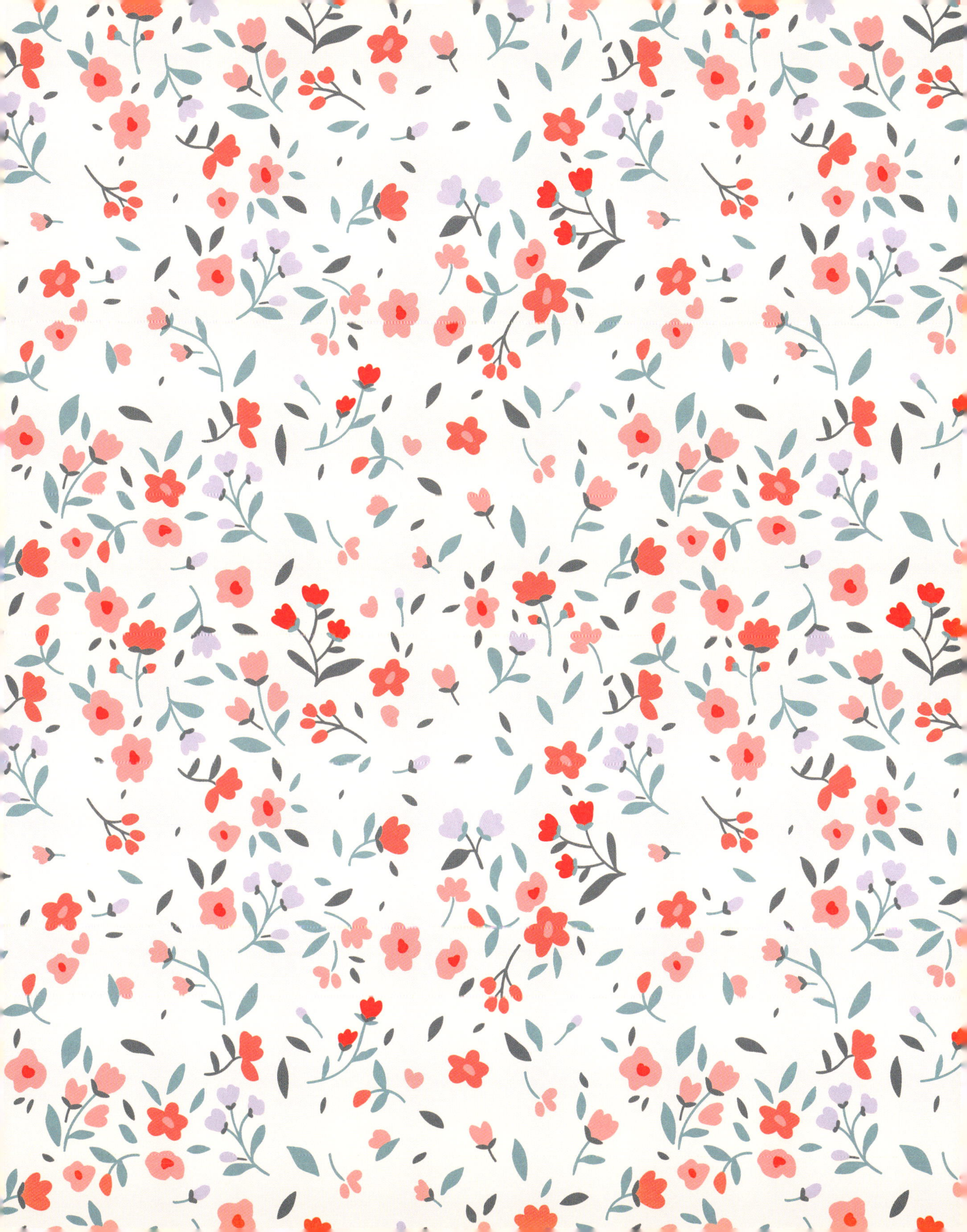

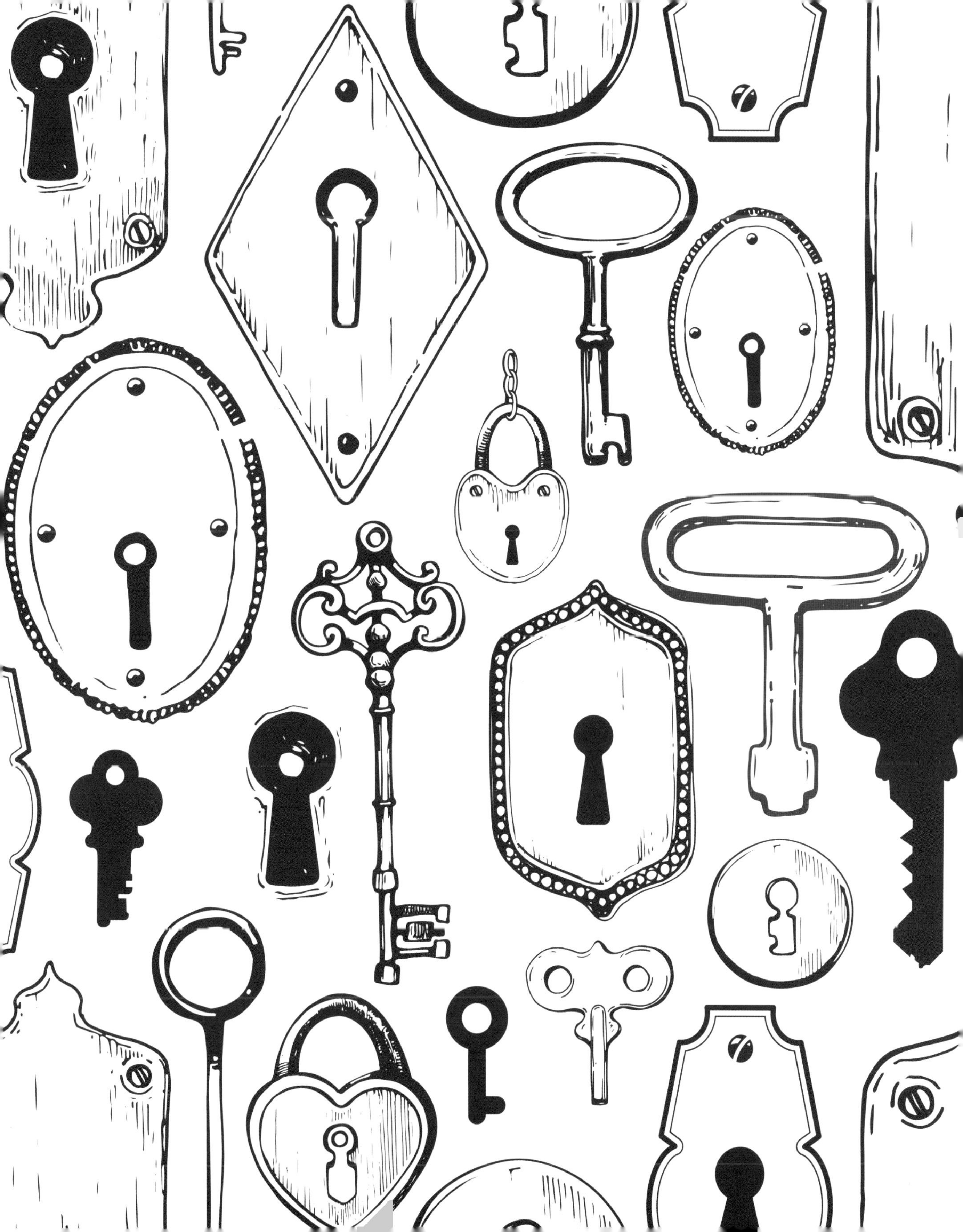

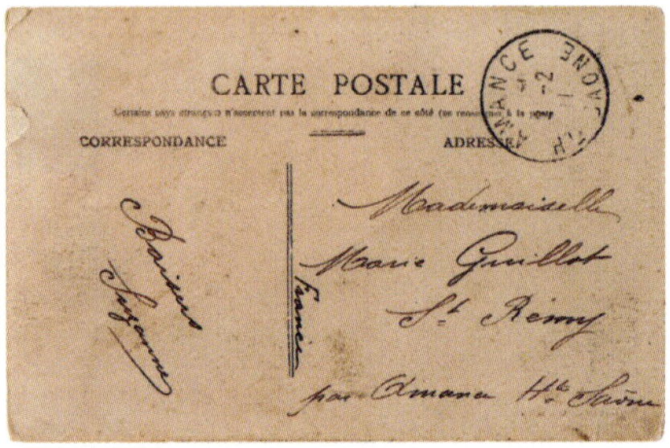
CARTE POSTALE
CORRESPONDANCE
ADRESSE
Mademoiselle
Marie Guillot
St Remy
par Amance Hte Saône

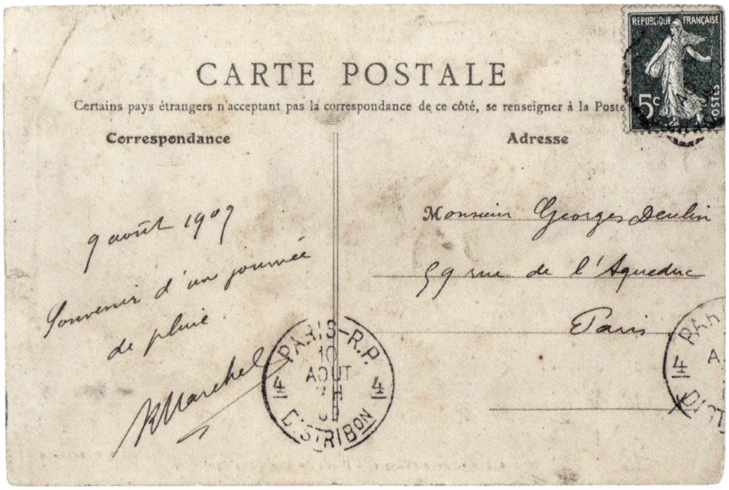
CARTE POSTALE
Certains pays étrangers n'acceptant pas la correspondance de ce côté, se renseigner à la Poste
Correspondance
Adresse
REPUBLIQUE FRANÇAISE
5c
9 août 1907
Souvenir d'un journée de pluie
Monsieur Georges
69 rue de l'Aqueduc
Paris
PARIS-R.P.
10 AOUT
DISTRIBON

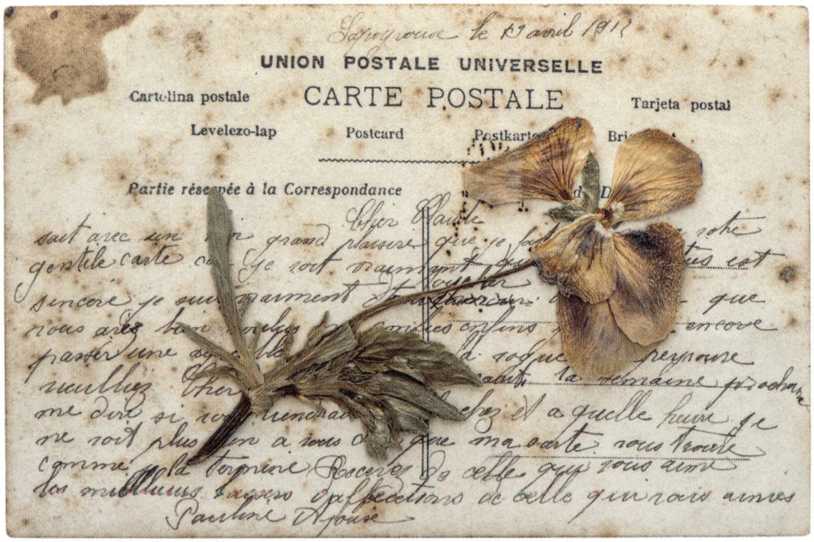
UNION POSTALE UNIVERSELLE
Cartolina postale
CARTE POSTALE
Tarjeta postal
Levelezo-lap
Postcard
Partie réservée à la Correspondance

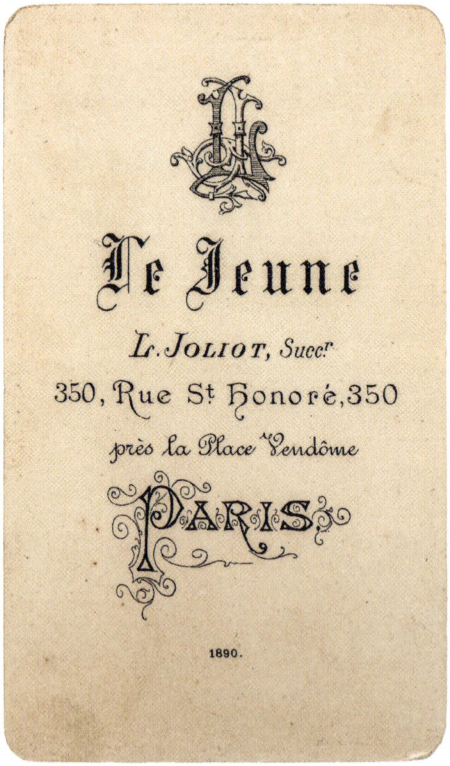
Le Jeune
L. JOLIOT, Succr
350, Rue St Honoré, 350
près la Place Vendôme
PARIS
1890.

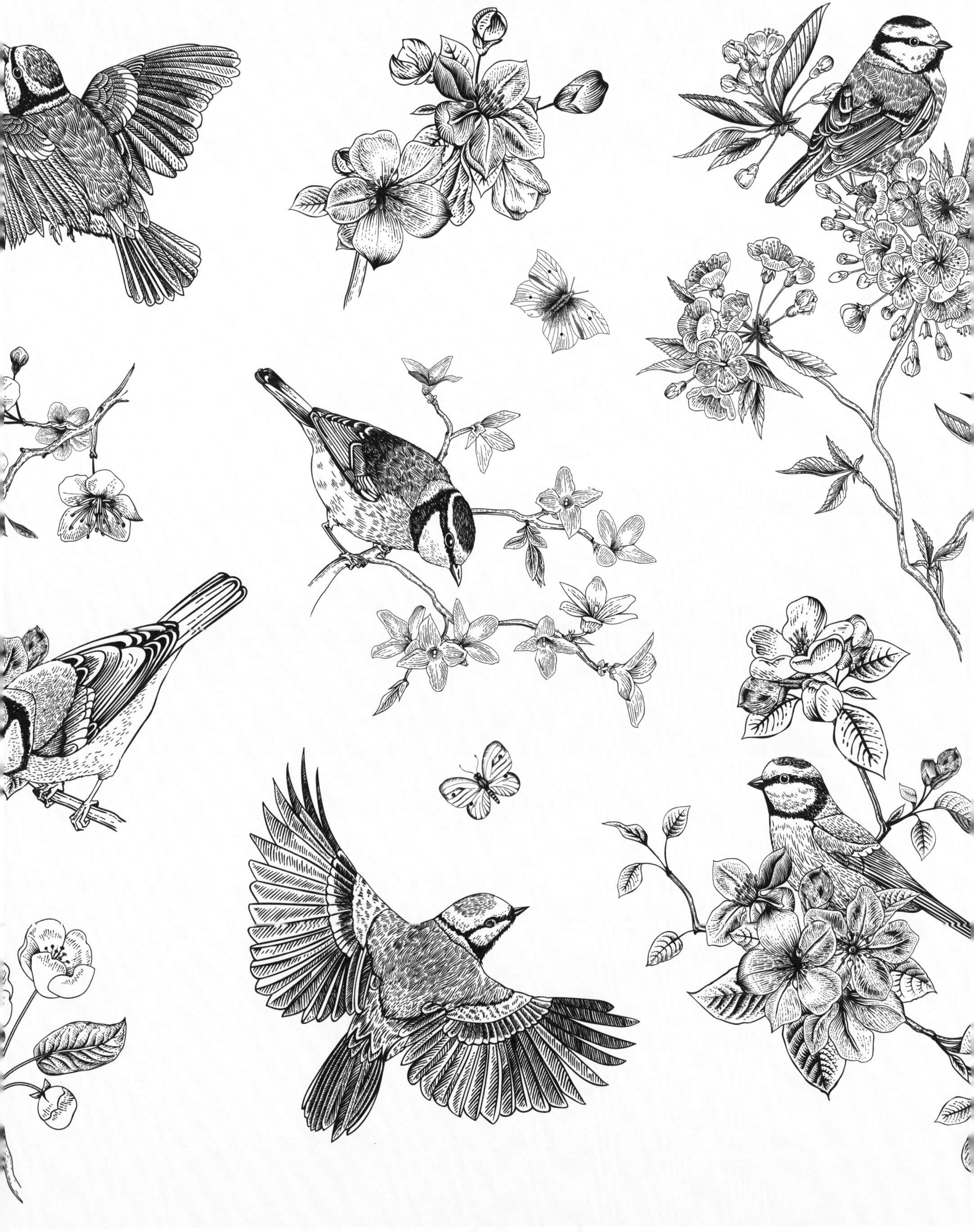

READ

The DAILY CURSE

THE WHOLE WORLD OF WIZARDRY

SPECIAL ISSUE

CLASSIFIEDS — October 31th 2

INSTANT BREW

Never chop pestilent ingredients again or trawl around several markets to get rare roots or bones! Simply add one cube of MAGGIC© instant brew to a caldron of boiling water and enjoy!

exclusive distributor: Helene Hellebore, 4, Wicked Way, NY

GRIMOIRES

RARE AND DUSTY BOOKS

grimoires · used school books · magic maps

THE WHOLE WORLD OF WIZARDRY IN ONE STORE!

Grindelwald's Grimoires · 42, Buckled Bug Road, LONDON

Say hello to your future!

SOOTHSAYING

A BEGINNERS' GUIDE TO FORTUNE TELLING

by Elise Plumeau

SURPRISE your mom with a fresh bunch of thistles or one of our hungry carnivorous plants!

Fiona's Flowers 99, RUE POMPADOUR, PARIS

Dr. Plummer's

PECULIAR POTIONS

SURPRISE EFFECT GUARANTEED!

simply send us one of your owls or come over to the doctor's office

Your nightmare's just around the corner!

The Haunted Mansion

real estate

Are you looking for a haunted house, a creepy castle, a frantic farmhouse or a shady shack? We'll make your nightmare come true and find your perfect home!

The Haunted Mansion, 99 Reversed Cross Road, LONDON

BOXED & BOTTLED UNLIMITED

WEIRD GHOST GIGGLES IN A BOX

THEY COME IN DIFFERENT LENGTHS AND VOLUMES. A LITTLE CHAIN RATTLING INCLUDED AS WELL. DON'T RELEASE MORE THAN ONE AT A TIME.

MAGICAL INTERNSHIP

Sorcerer's apprentice needed for renowned wizarding business consultancy specializing in tea leaves. Brew cooking experiences (brewing machine) beneficial. #31

MAGICAL DETECTIVES

Got cursed or bewitched?
Lost one of your socks or a friend?

FALCONEYE & SONS

PRIVATE INVESTIGATORS

(We'll find you instead.) LONDON

NEED A **BROOM** *with more* **VROOOM?**

Superior racing brooms since 1826. BRADLEY BROS. Hoboken, NJ

FLEA MARKET

DOG FLEAS · CAT FLEAS · PERFORMING FLEAS (CIRCUS PURPOSES)

EACH ESBAT AFTER MIDNIGHT - THE SQUEEZED SQUARE, LONDON

BEETLEJUICE

Webmaster by natu

looking for a new challenge. Experienced networker and bug remover with a hell of a byte!

SIMON SPYDERWICK
8, Enchanted Park Av., Manhattan

QUALITY CAPES AND HATS
333 years dressing the elegant wizard

Weath

Mrs. Pomeroy's

Pathetic Pumpkins

Small, but handsome! Slightly scary, slightly scared. Not edible. Definitely not. Owl delivery the very same day.

Complete catalogue available now.

33, Old Bucket St. W., London

ARE YOU TIRED of 'trick or t all alone? Join our community for free and meet disguised guys and gals with the very same inter (treats, mainly)! Become our 666th member and win a DEVIL'S MASK! *

*hardly used

BELLA BAKER'S JUICES, SQUASHES AND POTIONS ARE MADE WITH CARE AND LOADS OF WITCHCRAFT. FR… FULL MOON. TAKE CARE!

BAKER'S BE…

EAU DE SUEZ

ANTISEPTIQUE, VACCINE de la BOUCHE
Préserve les Dents, les Guérit, les Conserve
Seul Dentifrice qui Supprime les
MAUX DE DENTS
POUDRE et PATE Dentifrices de Suez
à M. SUEZ, 14, Rue de l'Echiquier, Paris.

BUGEAUD

ONI-NUTRITIF
QUINA et au CACAO
des Toniques; le seul
éparé avec le
a jaune royal et un
qualité supérieure.
UTES PHARMACIES

TÉ DU TEINT
Franco : 5 fr.
tendu d'eau le
NTÉPHÉLIQUE
Lait Candès
Tonique, Détersif, dissipe
rs, Rides precoces, Rugosités,
rescences, etc., conserve la peau
claire et unie. — A l'état pur,
ve, on le sait, Masque et
aches de rousseur.
date de 1849
Bd S-Denis, 18
Parfumeurs et Coiffeurs.

lleur Purgatif

APPROUVÉ
PAR
CADÉMIE DE MÉDECINE

lus Agréable contre
pations, Migraines,
Congestions.

DRE ROGÉ

Flacon de la POUDRE ROGÉ
ne 1/2 bouteille d'eau froide
pour obtenir la
Limonade Purgative.

e du Quatre-Septembre, Paris.
TOUTES PHARMACIES.
GROS : 19, Rue Jacob, Paris.

CHUTE des CHEVEUX et de la BARBE
par Plaques. GUÉRISON radicale et infaillible par la TINEINE BIGET. La BROCHURE contenant le TRAITEMENT, les ATTESTATIONS de GUÉRISON, une NOTICE sur les maladies inflammatoires des YEUX et sur les soins du CUIR CHEVELU, est envoyée gratuitement et franco sur demande adressée à CH BIGET, Phen MUSSIDAN (Dordogne).
GET : Pharmacie H. BERTHOD, 43, Rue St-Denis, Paris.

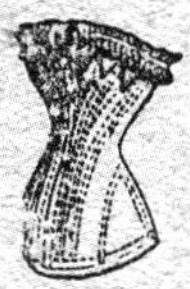

Mme Emma GUELLE, **MÉD. D'OR**
3, Place du Théâtre Français, 3
Corset-Cuirasse, pr amincir la taille sans gêner.
Busc Articulé, ne fatiguant jamais la poitrine.
Corset à épaulières, contre la tendance à se voûter.
Corsets de Nuit, du Matin, sans busc ni baleines.
Corsets Orthopédiques. — Coussins creux.

RIDES CICATRICES, TACHES, TRACES DE **PETITE VEROLE**
Pr les effacer, ec. à M. A. HERZOG, Le Raincy (S.-&-O.)

L'UTILE Siège **antiseptique** et hygiénique à effeuiller composé de 100 feuilles de papier imperméable fixées sur un carton. — Indispensable dans les water-closets. — *Installation des plus faciles sans détériorer les sièges en bois*, breveté s. g. d. g.
PRIX : **2fr.95**, le même papier ordinaire, **2fr.25**.
Seul Fabrict et Concessionnre : Mon TROGNEUX, 8, R. Mabillon, Paris
En Vente chez tous les Pharmaciens et Herboristes.

CAPSULES-AZYMES

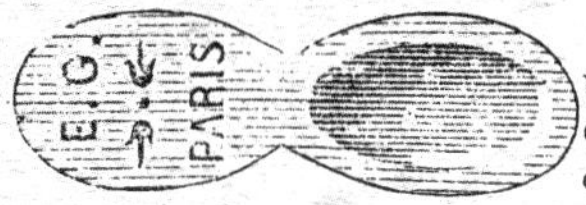

Pour envelopper soi-même les médicaments solides et liquides, leur forme ovale facilite l'absorption.

Boites de	25,	50	et 100.
franco	0 fr. 60	1 fr. 15	1 fr. 70. *Sans accessoires,*
franco	1 fr. 15	1 fr. 75	2 fr. 25. *avec accessoires.*

S'adresser au Service des Achats
Bureaux du Journal

DENTITION
SIROP DELABARRE
3f 50 SANS NARCOTIQUE LE FLACON

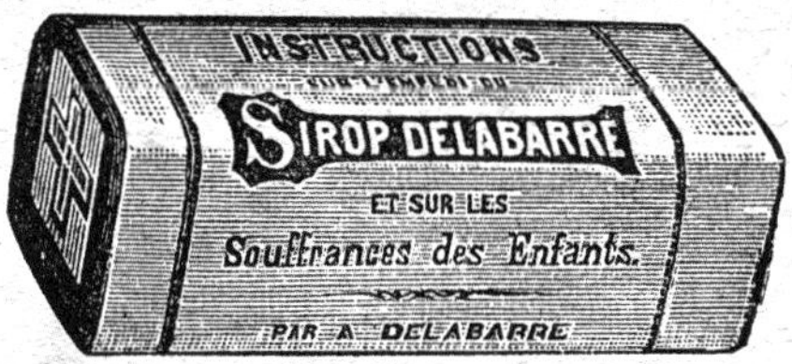

Pour éviter les Contrefaçons

N'accepter que les Flacons portant :

1o Les mots **Sirop Delabarre** sur le **Fond noir** de la *Brochure jaune* entourant l'étui (conformément au spécimen ci-dessus);

2o Le **Timbre officiel** sur l'*Étui* du **Flacon.**

FUMOUZE-ALBESPEYRES, 78, *Faubg Saint-Denis, PARIS.*

RAIFORT-
J. BU
SIROP FAIT A
Contre les ***Glande***
—Rachitisme—
des Chairs — I
Eruptions de la
Croûtes de Lai
Il remplace les h
de morue ; c'est un **fluidifiant** et u
tif énergique. — PARIS, 22 & 19, RU

POUR MAIGRI
un moyen réellement infaillible, ne nu
à la santé et très facile à employer. Ce
ment ne coûte rien. Il suffit de m'écr
voie franco, par lettre fermée, l'i
la méthode. **CHARDON,** *24, Rue de Ch*

LA NEUFAL
nettoie en **5 MINUTES** Gants
Rubans, Chapeaux *mieux que le deg*
PHARMACIES ET MAGASINS DE NOU

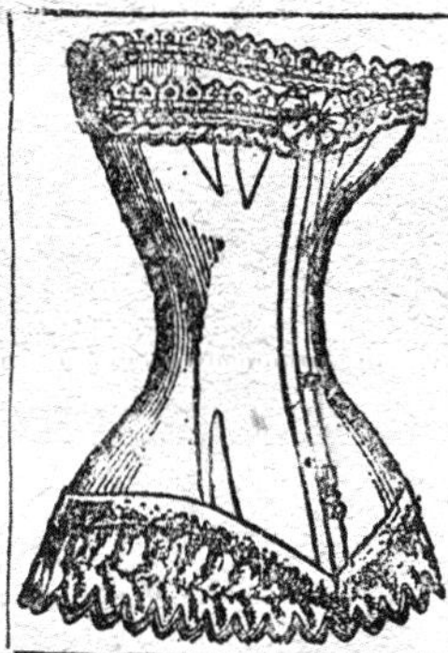

LEGRA
195, 197, Rue
PARI
Nul Cors
ne peut être co
Corset Legra
la beauté de l
l'élégance, la
et ne cau
aucune gê
ENVOI FRANCO DU C

ROYAL WINDS
LE CÉLÈBRE
RÉGÉNÉRATEUR DES CHEV

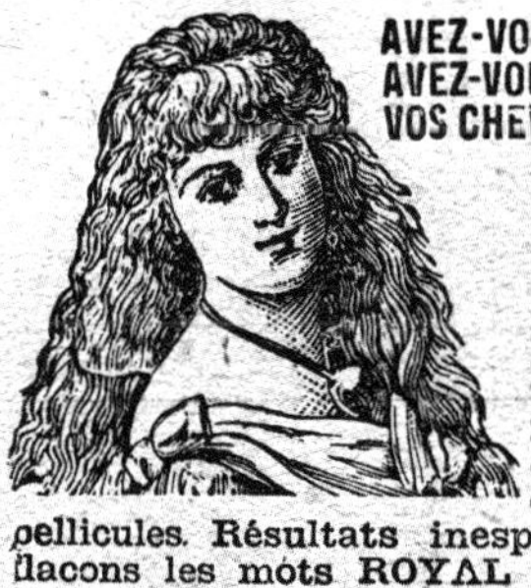

AVEZ-VOUS DES CHEV
AVEZ-VOUS DES PELL
VOS CHEVEUX TOMBE
SI OUI,
le **ROYAL**
SOR. Ce pr
excellence r
Cheveux gr
leur et la b
turelles de
nesse. Il
chute des
et fait dispa
pellicules. Résultats inespérés. Exige
flacons les mots ROYAL WINDSOR
Coiffeurs-Parfumeurs en flacons et demi-flacons.
franco du prospectus sur demande.

Seule Maison recommandée depuis 30 ans par la *Mode illustrée*

X. DORANGE *Échantillons franco* 22, r. St-Augustin, Paris **PAPIERS PE**

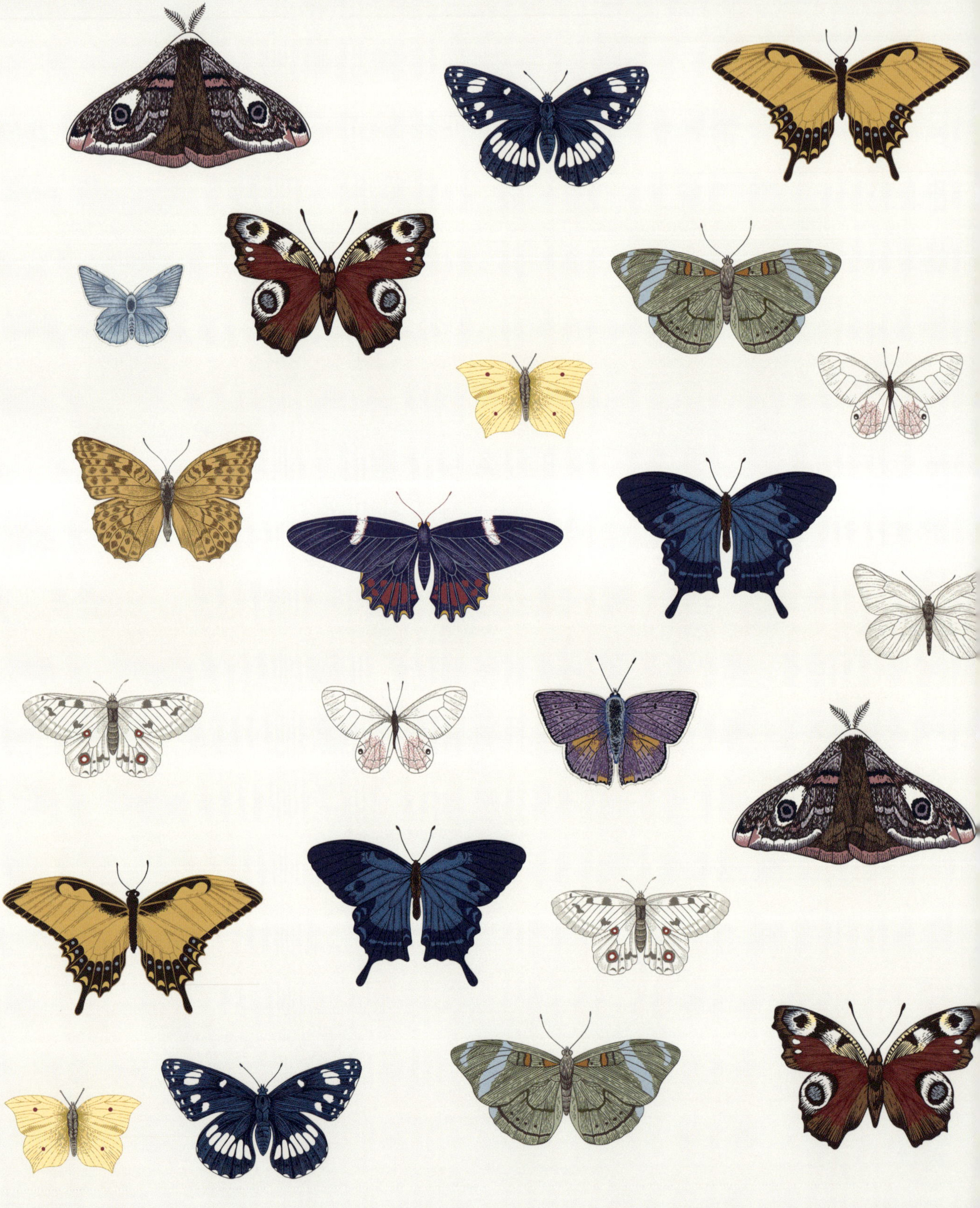

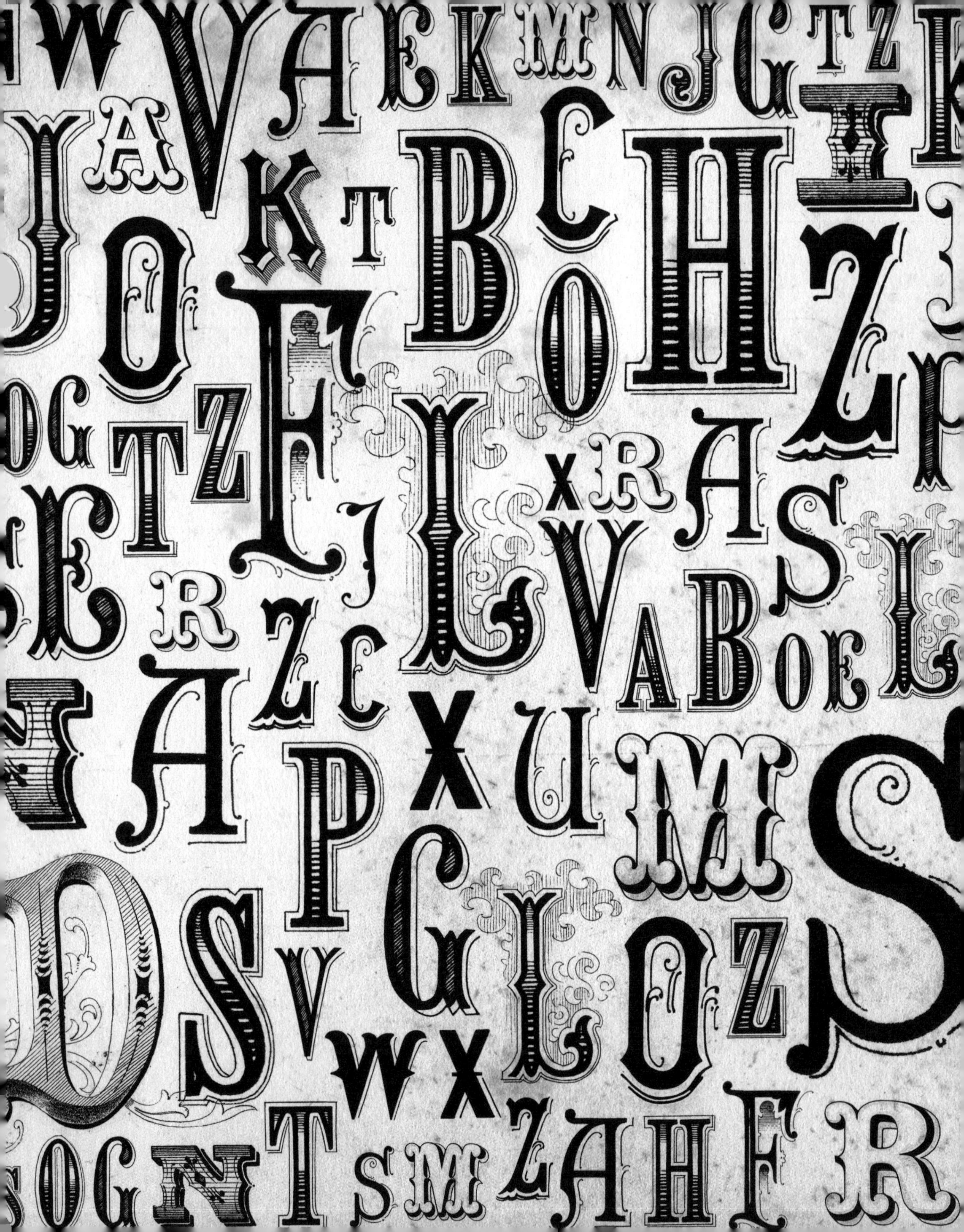

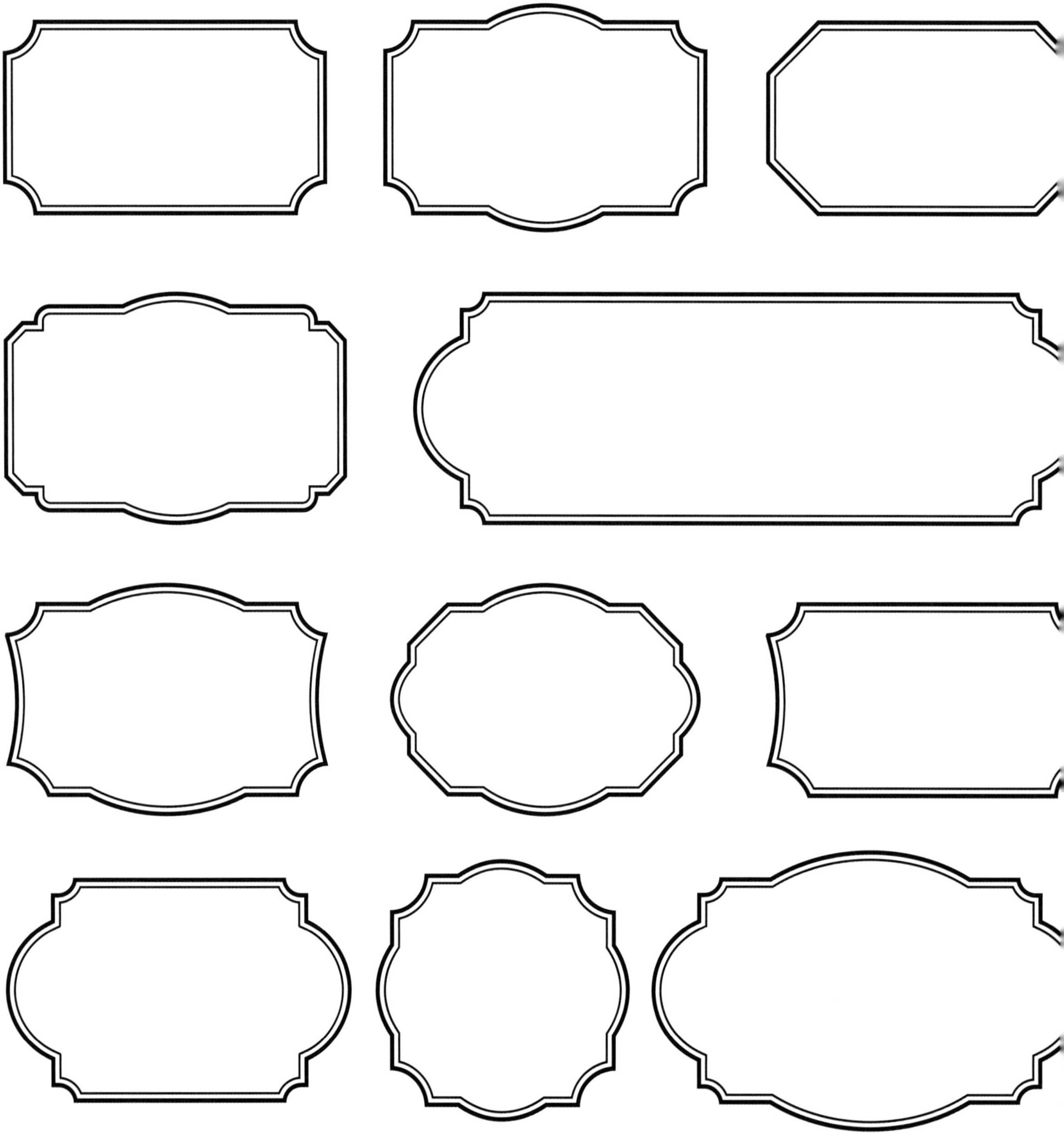

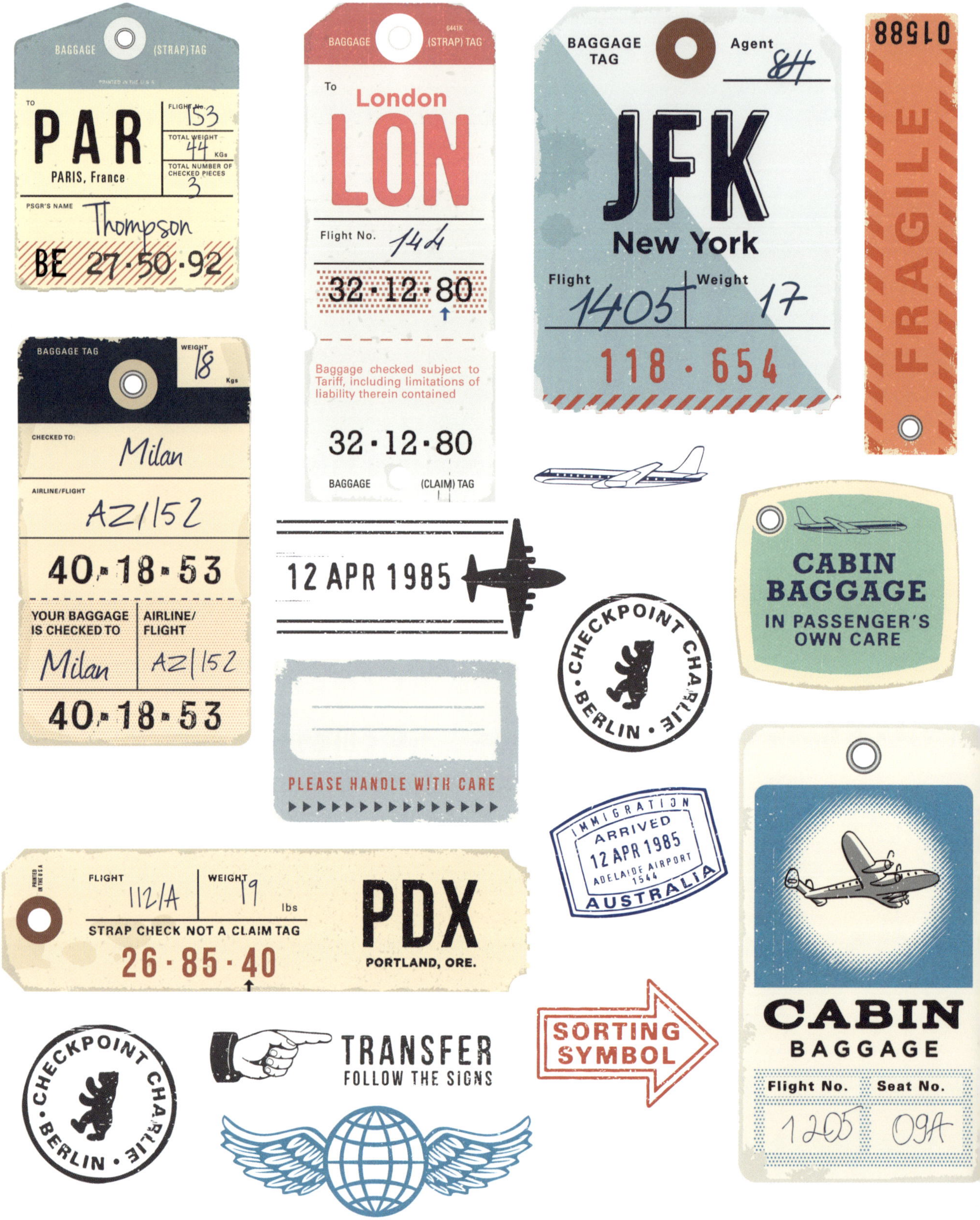

BAGGAGE (STRAP) TAG
TO
PAR
PARIS, France
FLIGHT No. 153
TOTAL WEIGHT 44 KGs
TOTAL NUMBER OF CHECKED PIECES 3
PSGR'S NAME Thompson
BE 27·50·92
BAGGAGE (STRAP) TAG
To
London
LON
Flight No. 144
32·12·80
Baggage checked subject to Tariff, including limitations of liability therein contained
32·12·80
BAGGAGE (CLAIM) TAG
BAGGAGE TAG
Agent 84
JFK
New York
Flight 1405
Weight 17
118 · 654
01588
FRAGILE
BAGGAGE TAG
WEIGHT 18 Kgs
CHECKED TO: Milan
AIRLINE/FLIGHT AZ/152
40·18·53
YOUR BAGGAGE IS CHECKED TO Milan
AIRLINE/ FLIGHT AZ/152
40·18·53
12 APR 1985
CABIN BAGGAGE
IN PASSENGER'S OWN CARE
CHECKPOINT CHARLIE · BERLIN ·
PLEASE HANDLE WITH CARE
IMMIGRATION
ARRIVED
12 APR 1985
ADELAIDE AIRPORT
1544
AUSTRALIA
FLIGHT 112/A
WEIGHT 19 lbs
STRAP CHECK NOT A CLAIM TAG
26 · 85 · 40
PDX
PORTLAND, ORE.
CHECKPOINT CHARLIE · BERLIN ·
TRANSFER
FOLLOW THE SIGNS
SORTING SYMBOL
CABIN
BAGGAGE
Flight No. 1205
Seat No. 09A

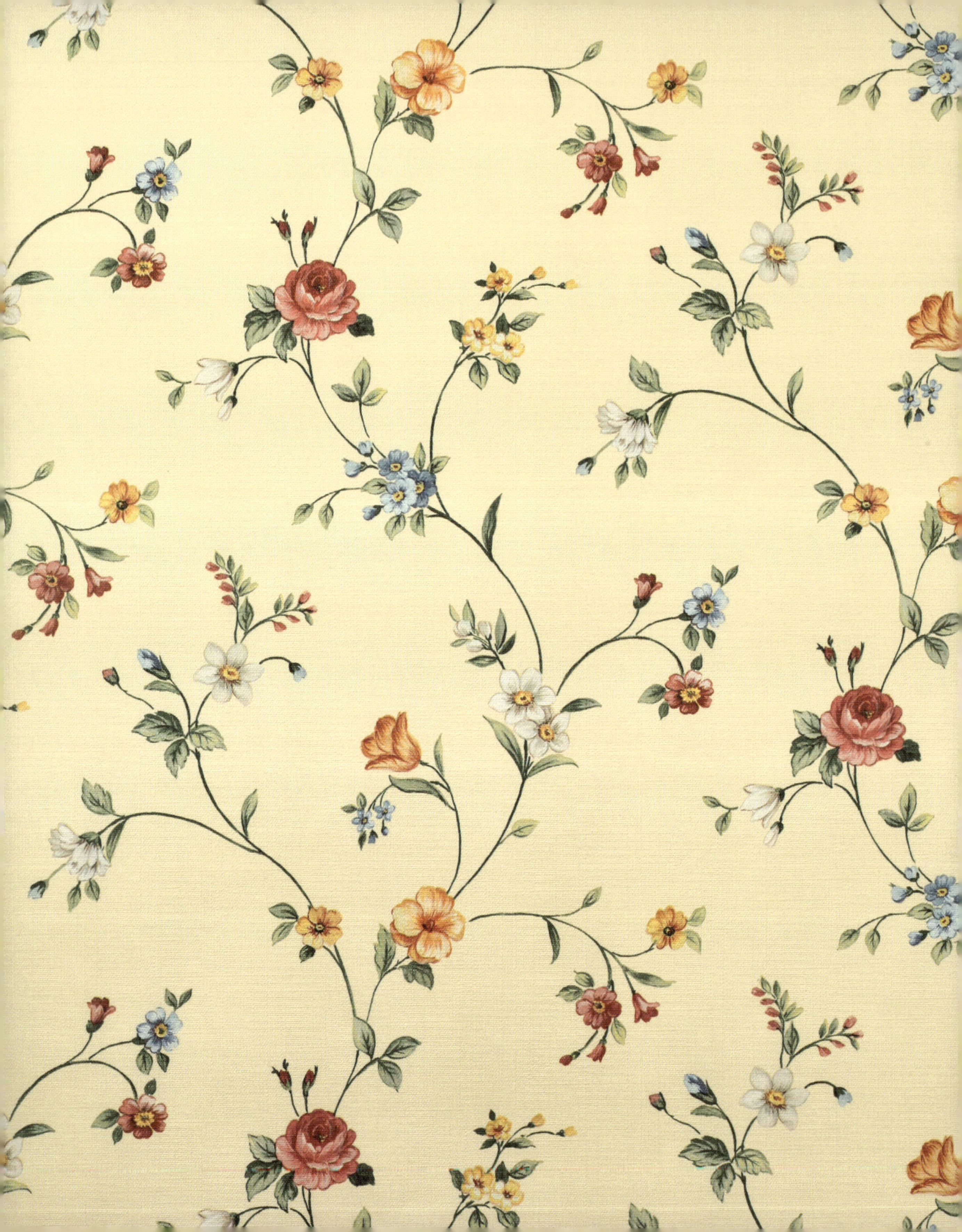

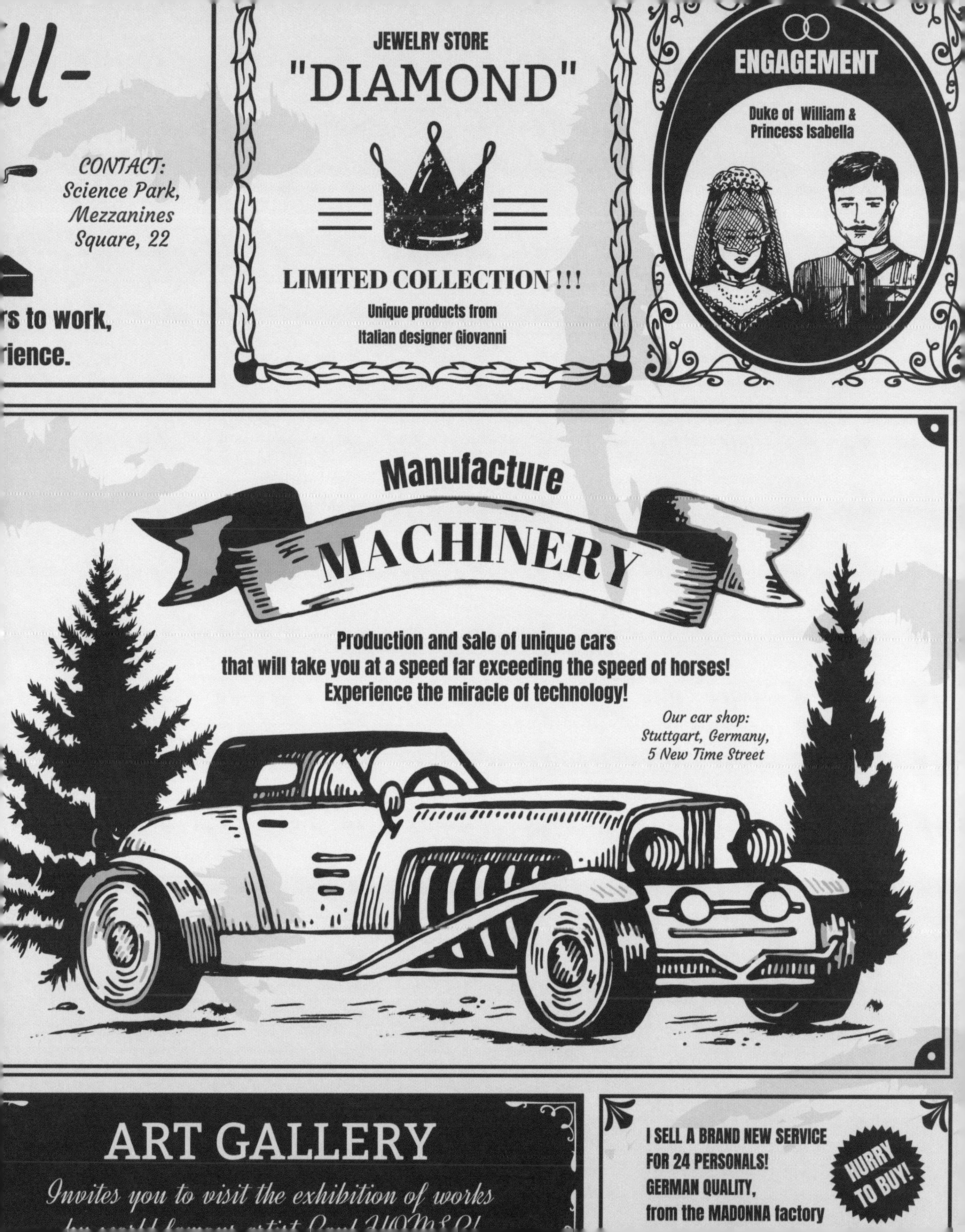
ll-
CONTACT:
Science Park,
Mezzanines
Square, 22
rs to work,
rience.
JEWELRY STORE
"DIAMOND"
LIMITED COLLECTION !!!
Unique products from
Italian designer Giovanni
ENGAGEMENT
Duke of William &
Princess Isabella
Manufacture
MACHINERY
Production and sale of unique cars
that will take you at a speed far exceeding the speed of horses!
Experience the miracle of technology!
Our car shop:
Stuttgart, Germany,
5 New Time Street
ART GALLERY
Invites you to visit the exhibition of works
I SELL A BRAND NEW SERVICE
FOR 24 PERSONALS!
GERMAN QUALITY,
from the MADONNA factory
HURRY
TO BUY!

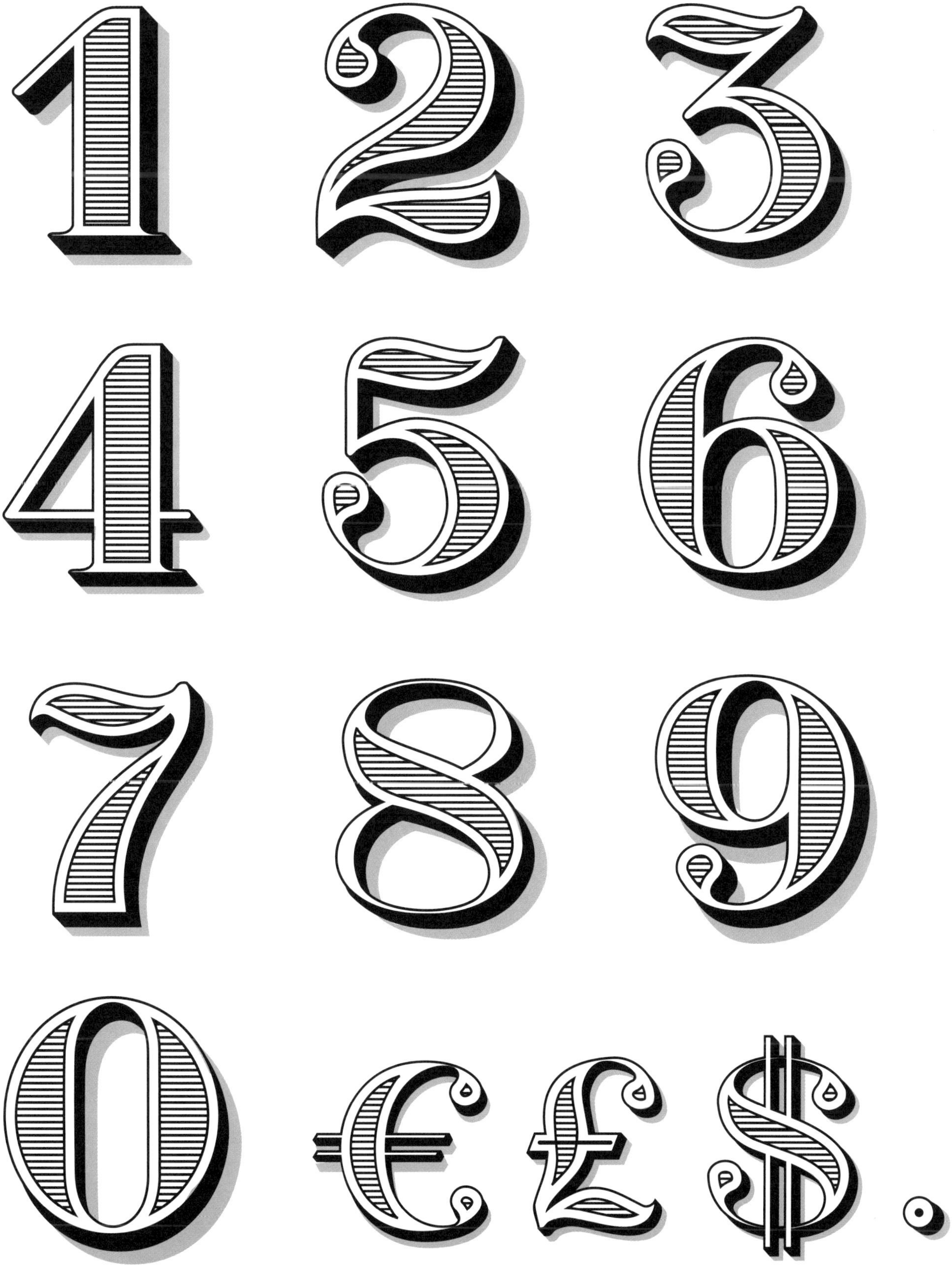
1 2 3
4 5 6
7 8 9
0 € £ $.

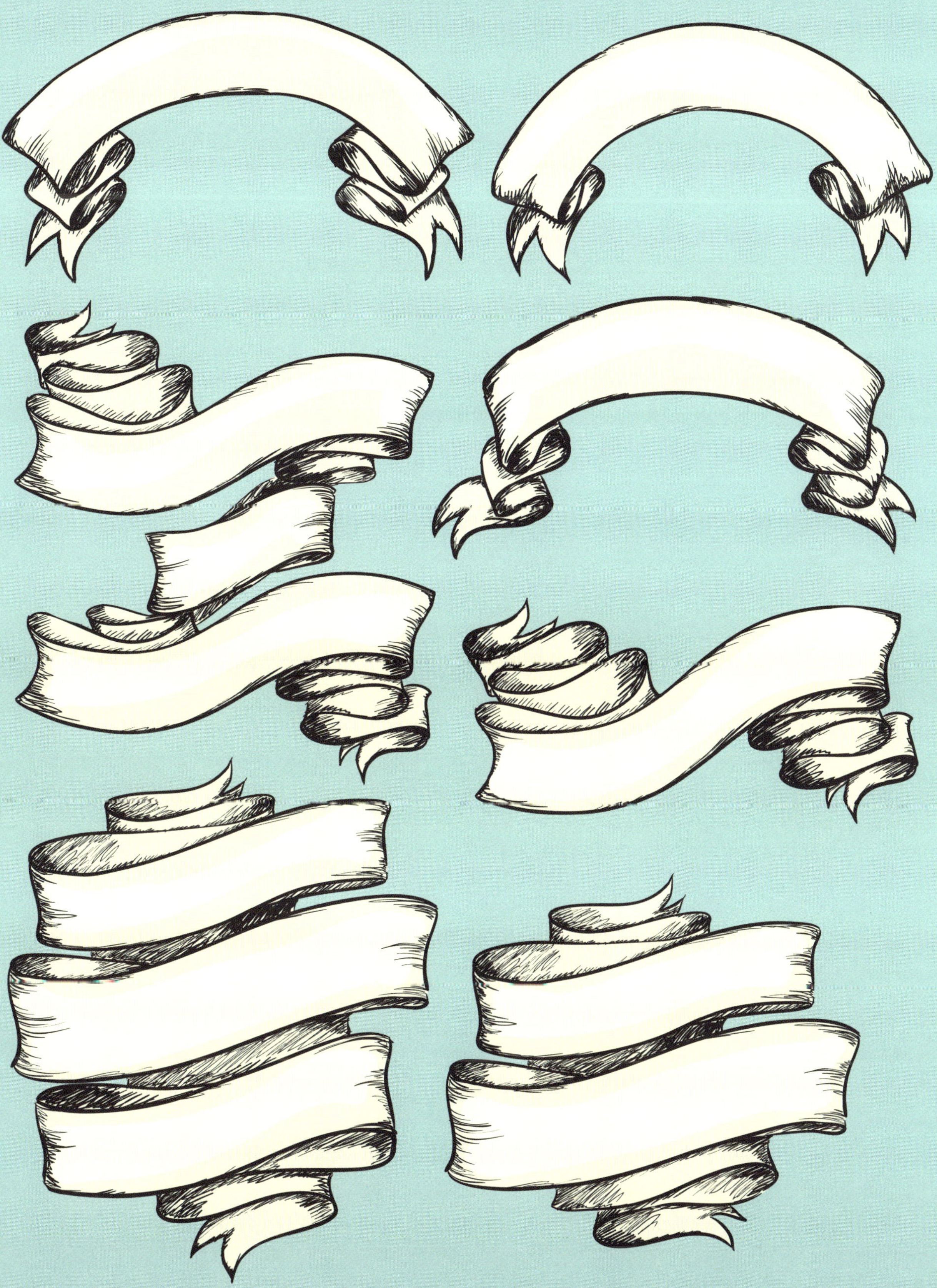

THE
EDINBURGH EVENING COURANT

SATURDAY, OCTOBER 22. 1774.

To the Printer *of the* EDINBURGH EVENING COURANT.

SIR, *Dunfermline, Oct. 21. 1774.*

IN the Caledonian Mercury of the 19th current, I observe the following paragraph:

"We can assure the public, that the letter of a certain Baronet would not have been produced against him, if there had not been the most positive evidence of his having bribed a Dunfermline agent to betray his trust."

As I was one of the agents in Dunfermline for Colonel Archibald Campbell, and who served his interest in that borough, with the assistance of other friends and relations, with invariable fidelity and integrity, from Lammas 1773 to the close of the Michaelmass elections 1774.

In vindication of their and my character, I look upon myself as called upon to assure the Public, that neither I, nor none for me, to my knowledge, have ever received any sum or sums of money, fee, gift, or reward, nor promise of money or good deed, in any shape whatever, from the Baronet hinted at, nor from any of his connections, friends, agents, or servants, nor from any person whatever, on his or their account; and that every publication, report, or insinuation to the contrary, by whomsoever related, whether from the pulpit by a Blustering Blunderbuss of an old military chaplain, a Peep Sma, or all other such like busy-bodies, is false and slanderous, and most ungratefully injurious to the good name and reputation of me and any my friends: And I challenge all mankind to adduce any evidence to the contrary, or to prove a single instance of my having, during the above period, ever canvassed with, suggested to, or solicited any person or persons to any other interest but that of Colonel Campbell; and, as the only mean to expiscate the truth, I have given the necessary orders for a prosecution against the first author of this infamous aspersion.

Your giving this a place in your next paper, will be doing a piece of justice to the much-injured character of your's, &c. ROB. SCOTLAND.

To the PRINTER.

SIR,

IN these times of bribery and corruption, many persons who have got nominal votes, are sometimes ignorant of the *Trust Oath* till it is too late, or perhaps flatter themselves that it will not be put. It will therefore be obliging if you will insert the following copy of it, which I would recommend to the serious consideration of every nominal and fictitious voter. Let them remember that it is the *spirit* of an oath they must look to, and let them not endeavour (as too many have done) to explain it away by equivocations, evasions and quibbles; which as it is the most deliberate, is therefore the most wicked falsehood the human mind can be guilty of: let them remember, that for this they must one day answer at that awful tribunal where every equivocation and falsehood will meet with their due rewards.

OATH OF TRUST.

"I —— do, in the presence of God, declare, and swear, that the lands and estate of ——, for which I claim a right to vote in the election of a Member to serve in Parliament for this county, (or stewartry) is actually in my possession, and do really and truly belong to me, and is my own proper estate, and is not conveyed to me in trust, or for, or in behalf of any other person whatsoever; and that neither I, nor any other person to my knowledge, in my name, or on my account, or by my allowance, hath given, or intends to give, any promise, obligation, bond, back-bond, or other security whatsoever, other than appears from the tenor and contents of the title upon which I now claim a right to vote, directly or indirectly, for re-disponing or re-conveying the said lands and estate, in any manner or way what-

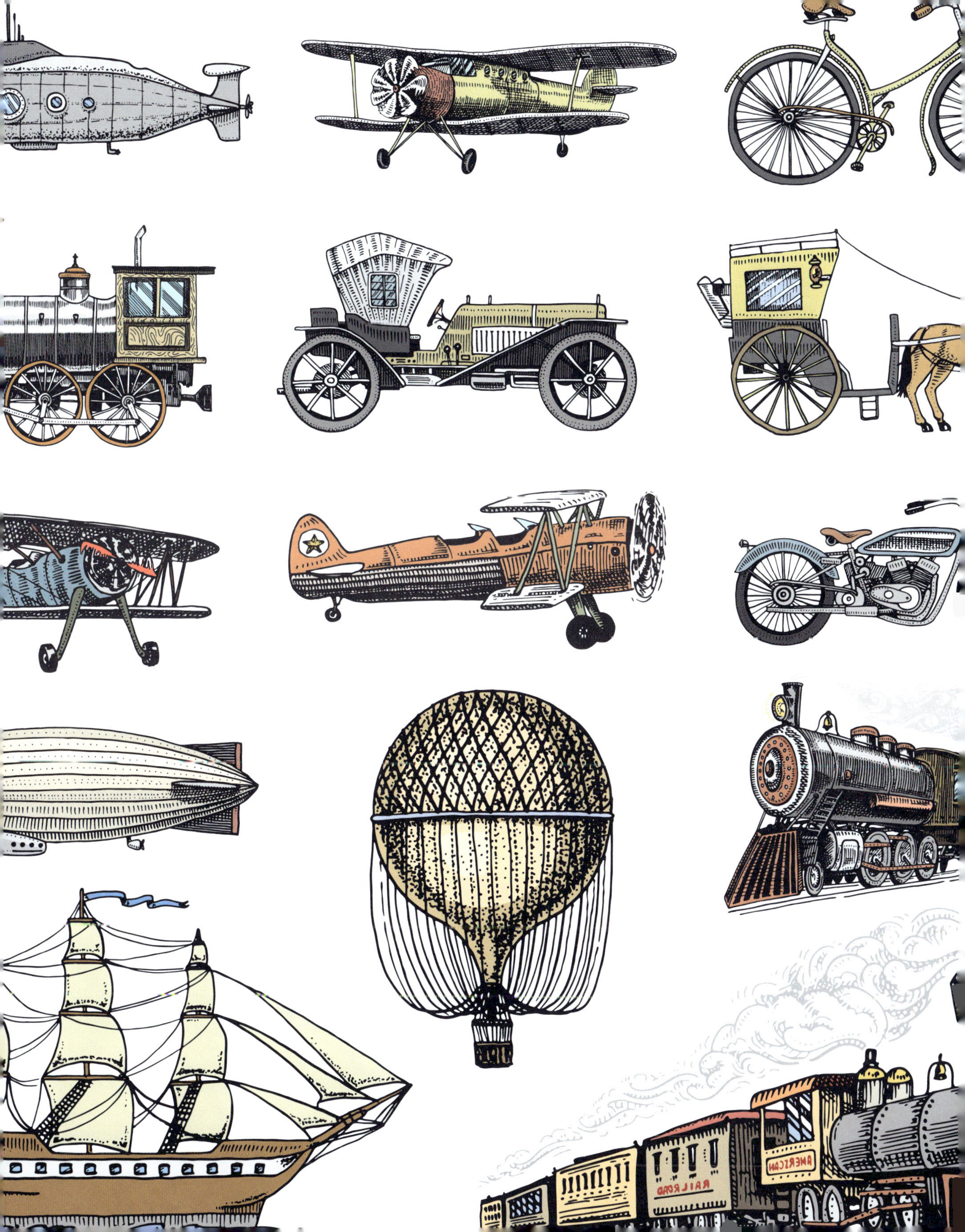

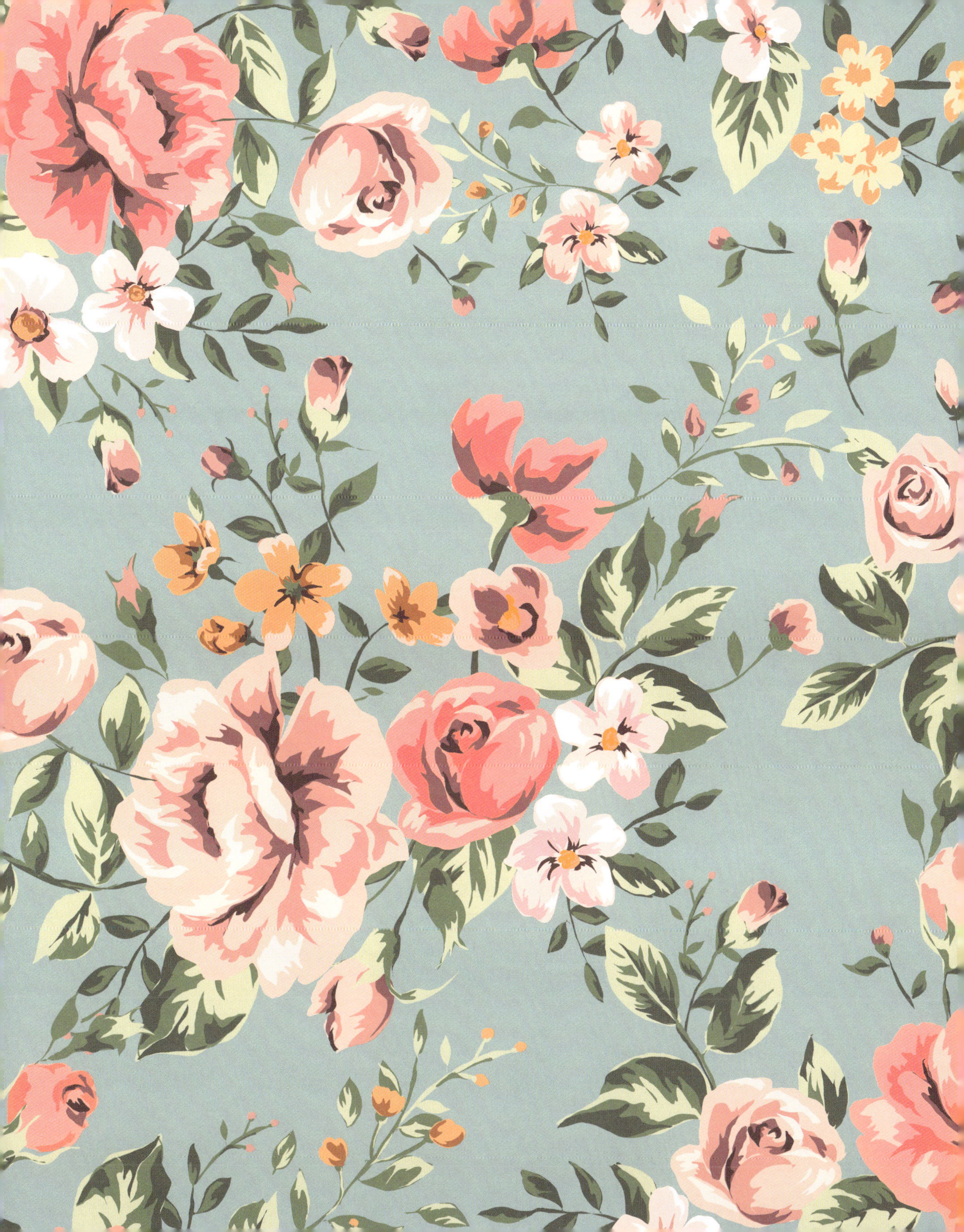

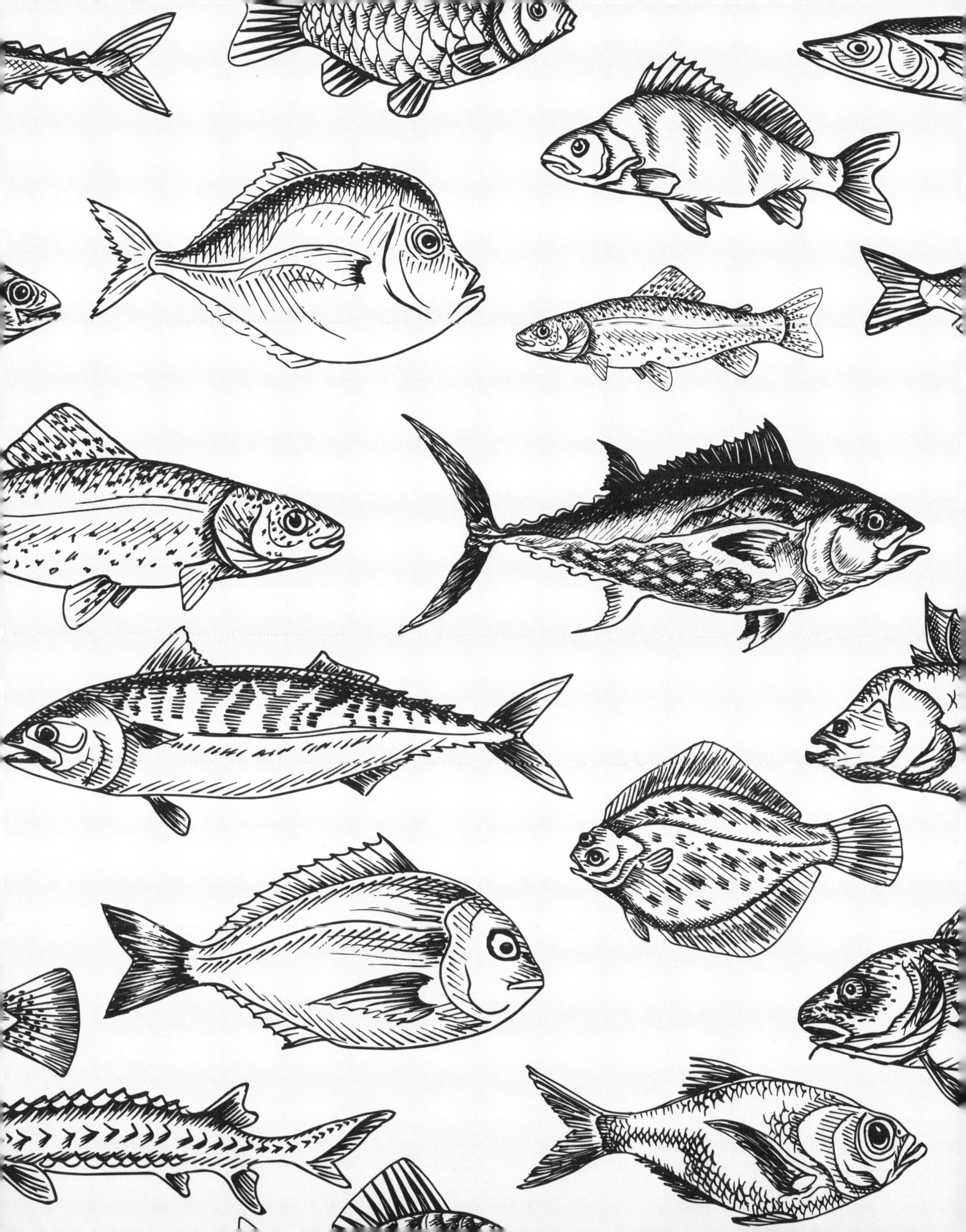

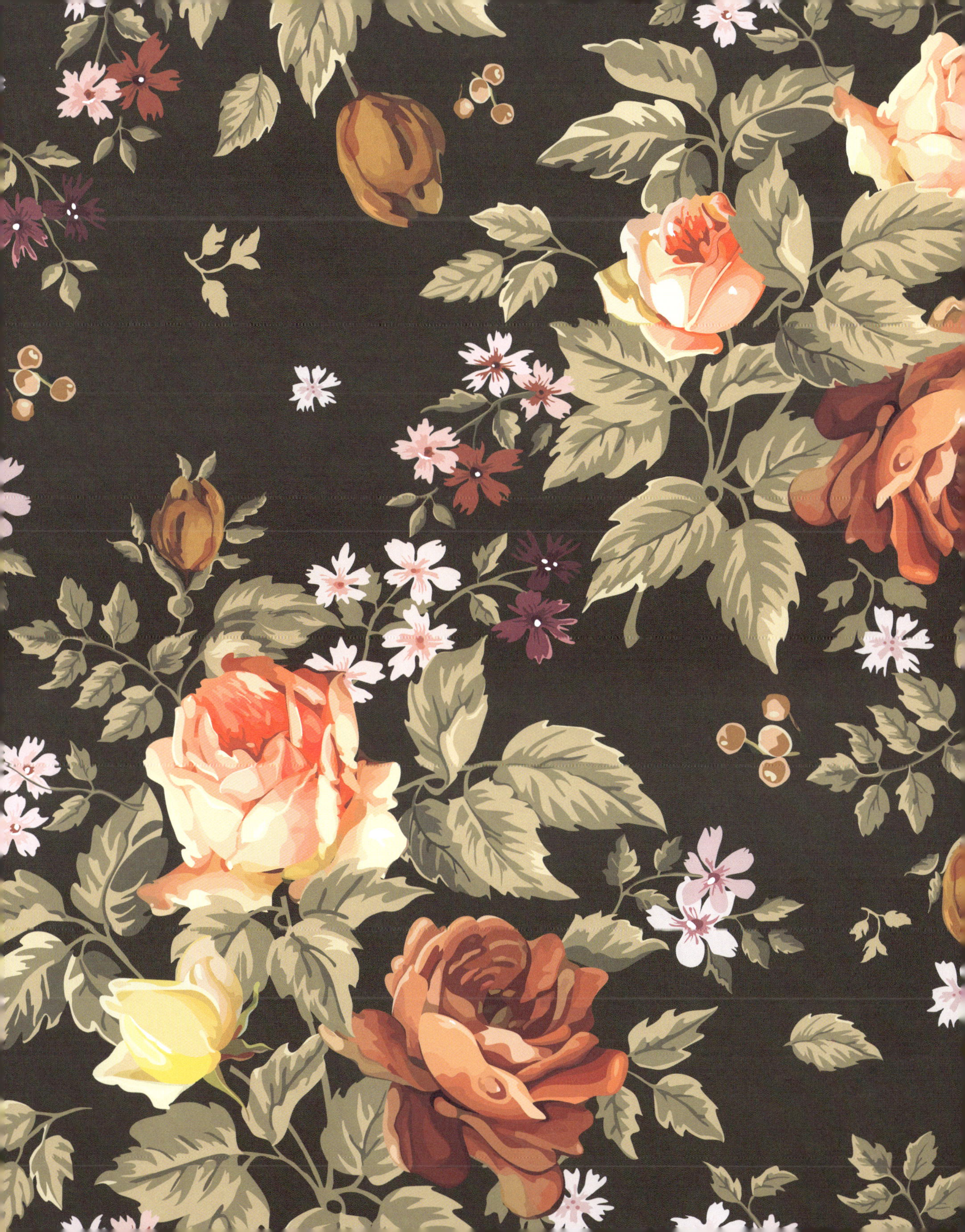

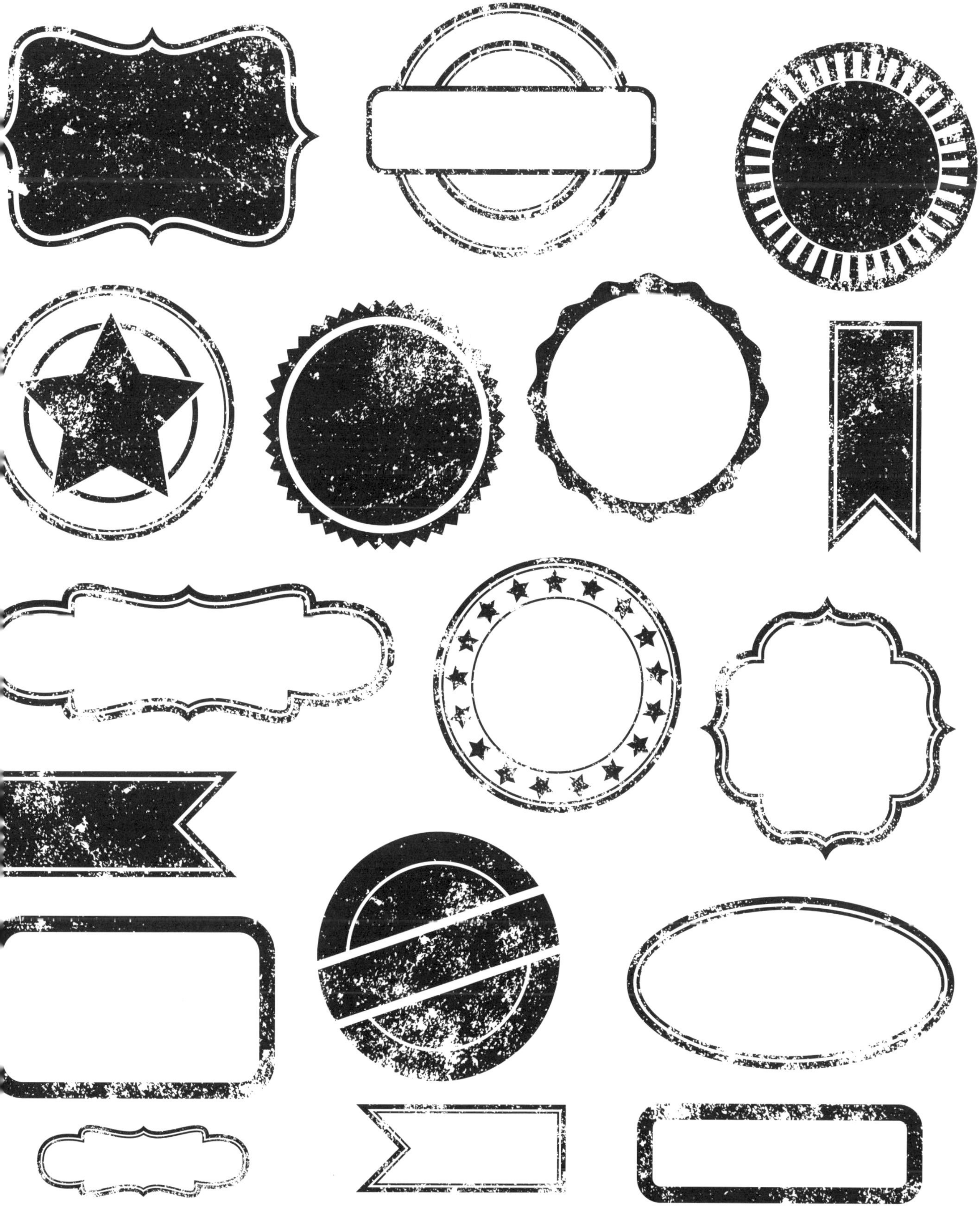

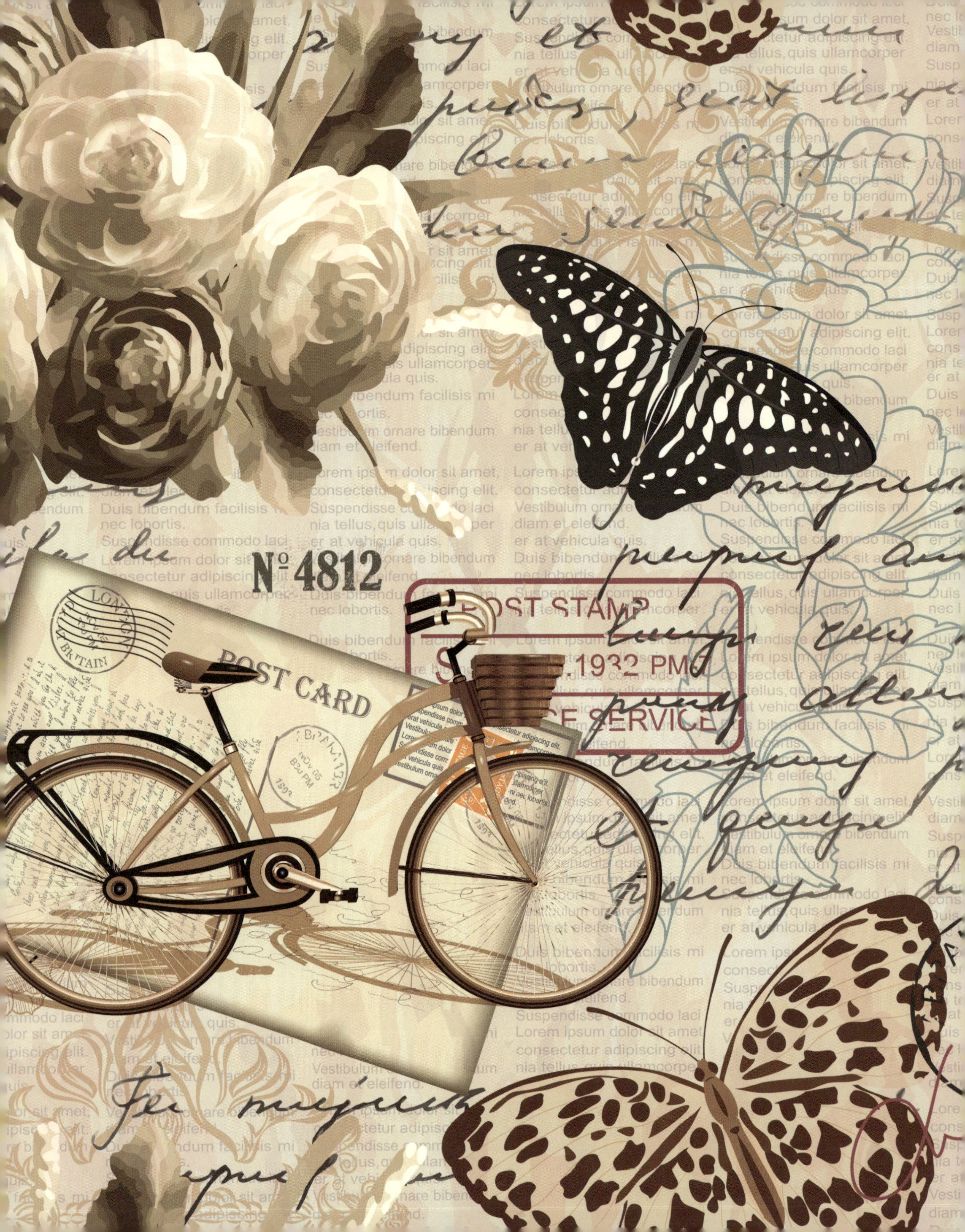
N° 4812
POST CARD
POST STAMP
1932 PM

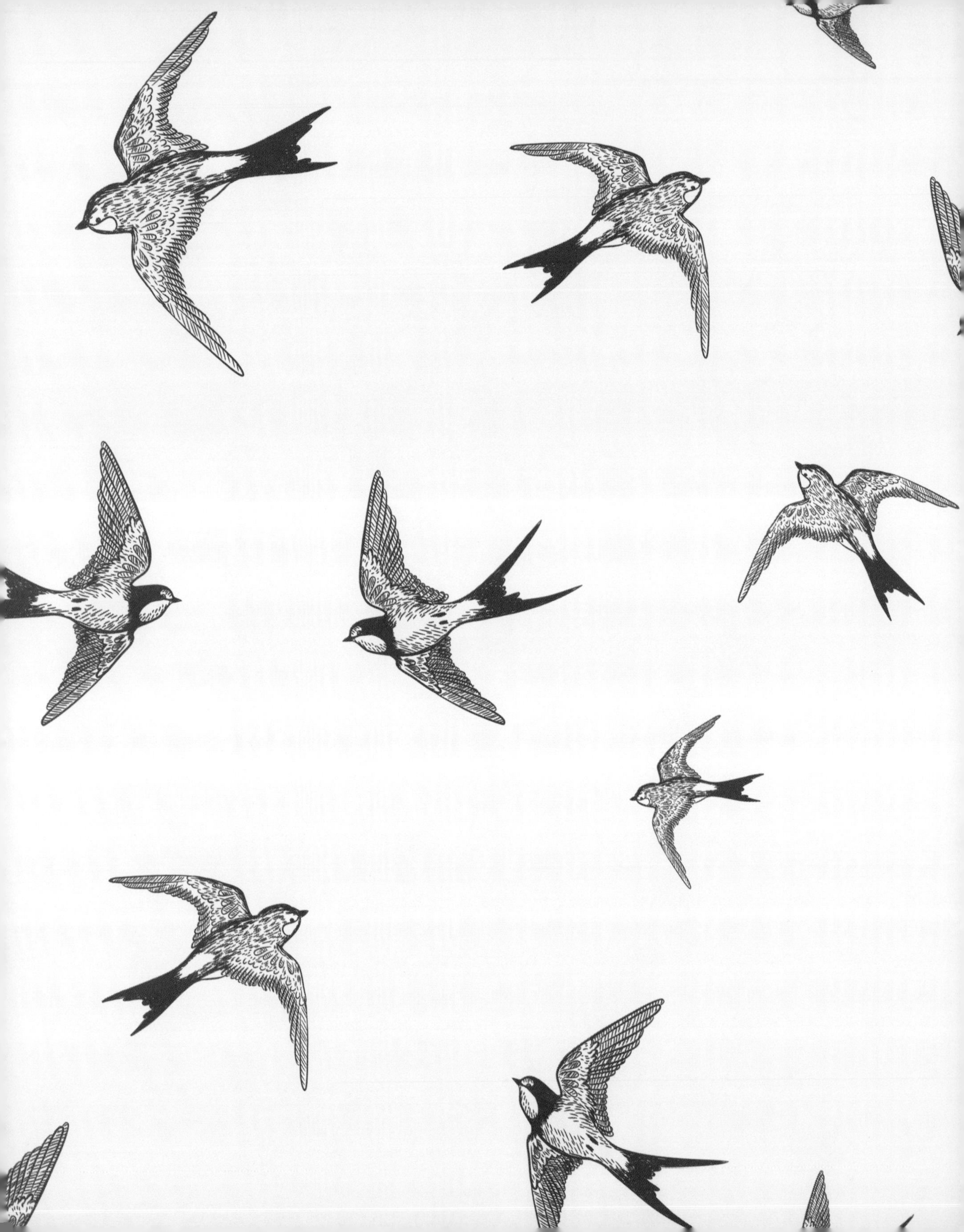

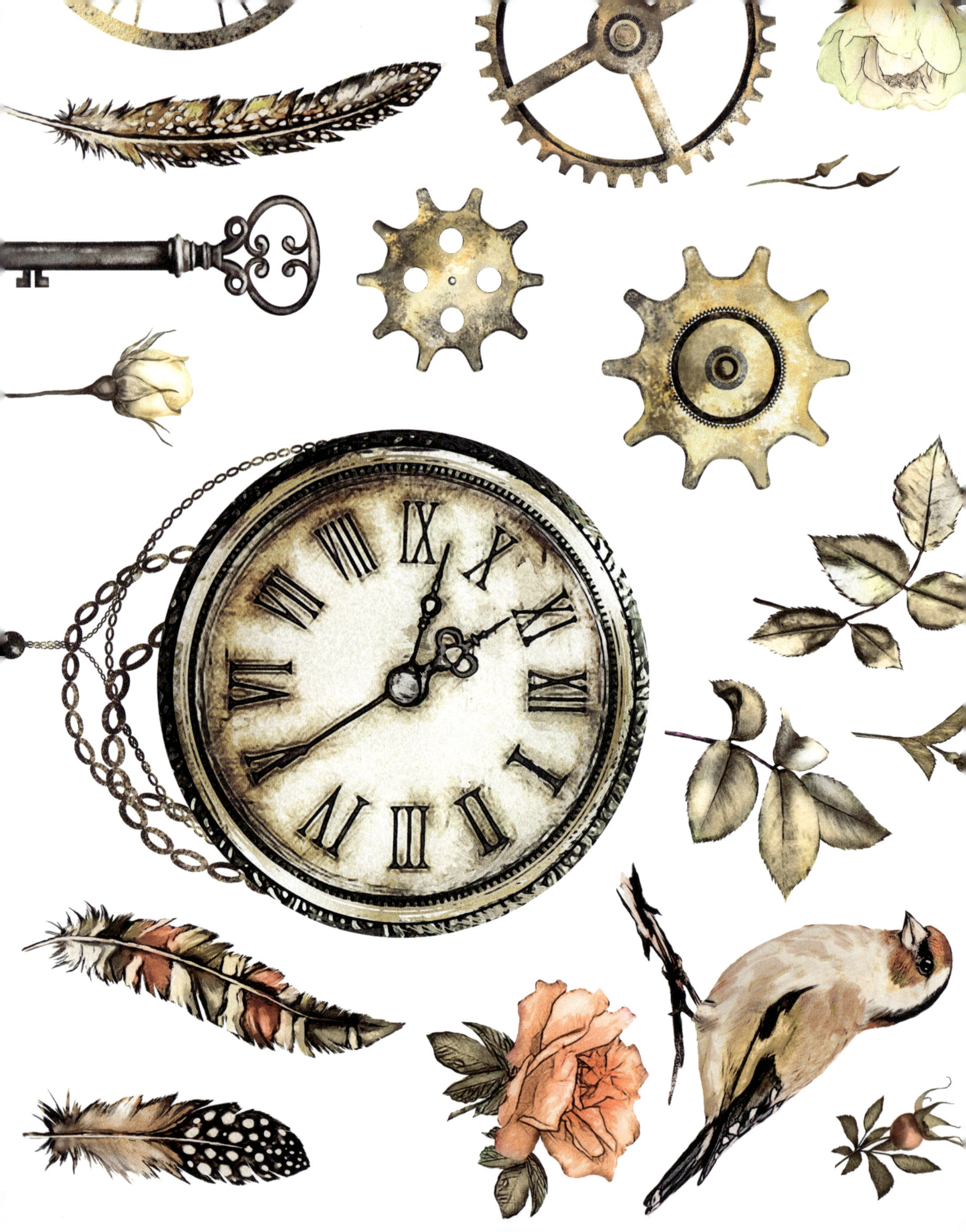

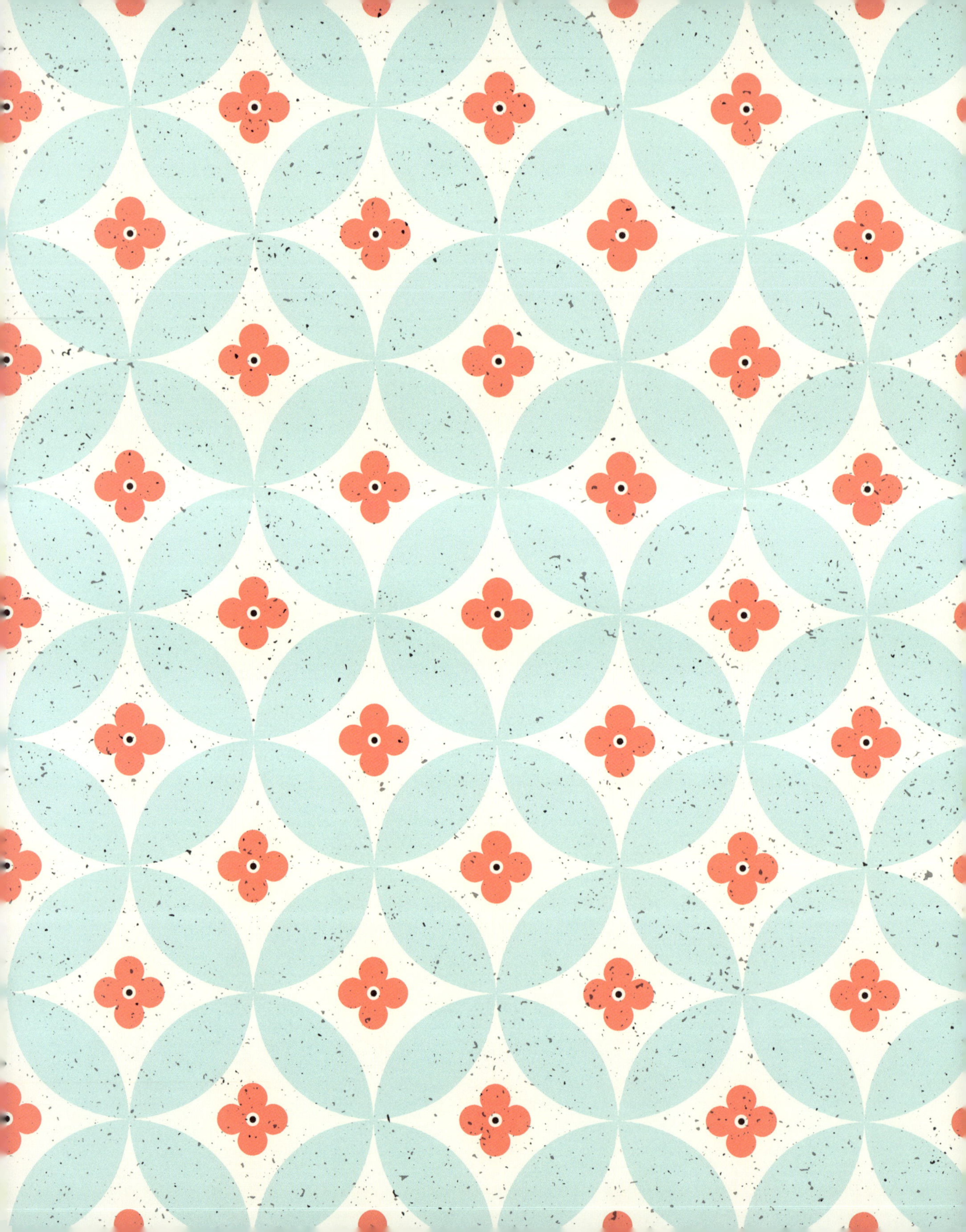

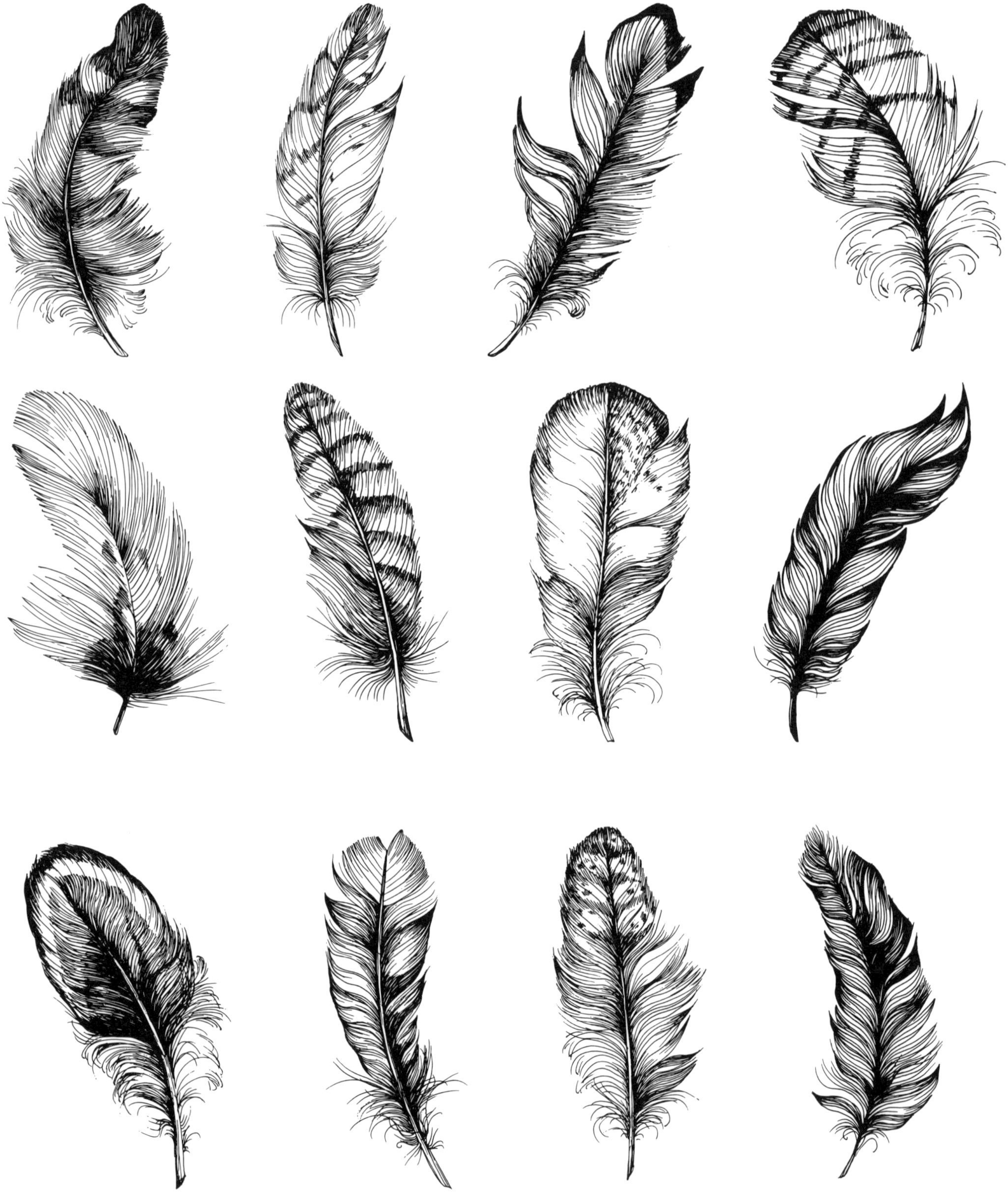

LO
VE
a love
story
darling
WEDDIN

ÜBER DIE AUTORIN

Julia Maria Sachs alias **Fräulein Fotofee** verfiel 2014 während ihres Studiums in Erlangen dem Journaling-Fieber. Damals noch (Filofax-)Kalender gestaltend, baute sie sich nach und nach ihren Account bei Instagram auf. Mittlerweile zeigt sie ihrer großen Community, wie man in dieser schnelllebigen Welt seine Erinnerungen in kreativer Form festhält. Neben dem Hauptberuf als Zahnärztin findet sie so ihren künstlerischen Ausgleich in der Fotografie sowie dem damit verbundenen Journaling. An ihrem Küchentisch in ihrer kleinen Wohnung in der vogtländischen Heimat entstehen dann die vielen Fotos und Videos für den Instagram-Account. In ihrer Freizeit geht sie am liebsten mit ihrem Mops Fips im Wald spazieren oder ist mit ihrem Ehemann Albrecht unterwegs auf Reisen – immer wieder auf der Suche nach neuen Momenten, um sie zu sammeln und aufzuschreiben. Ein großer Traum von ihr ist es, ein schönes altes Haus zu besitzen und darin ganz viel Platz fürs Journaling und Fotografieren zu haben. Ein anderer großer Traum war es, ein Buch zu schreiben – dieser wurde ja hiermit schon erfüllt.

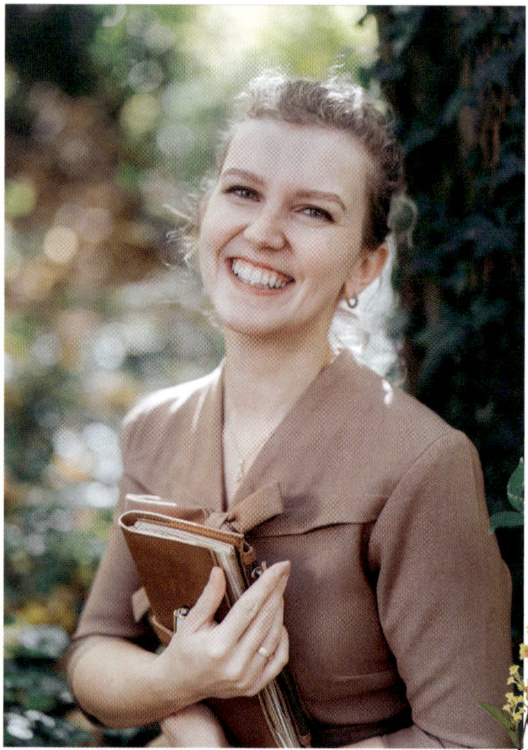

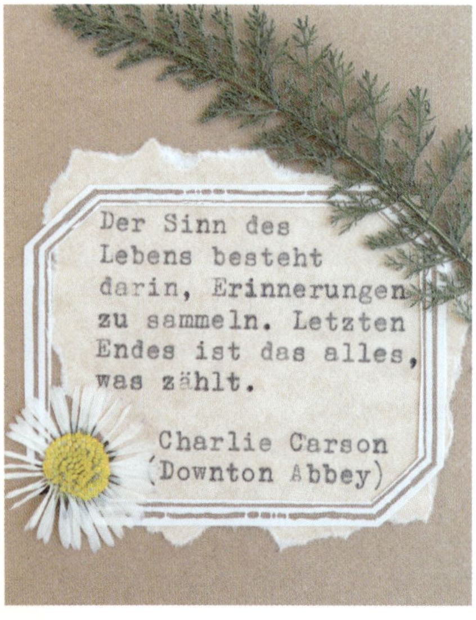

DANKSAGUNG

Ich kann mich sehr glücklich schätzen, großartige Menschen um mich herum zu haben, die mich unterstützen und mir jederzeit Halt geben. Ohne euch wäre das Buch nicht möglich gewesen, deswegen solltet ihr hier natürlich nicht unerwähnt bleiben:

ALBI
Schon damals bei meiner Doktorarbeit hast du mir so viel geholfen, dass dein Korrekturlesepensum eigentlich schon längst erschöpft sein sollte. Aber du bist – so wie in allen Lebenslagen – wieder für mich da gewesen und hast mein Buchprojekt, so sehr du konntest, unterstützt. Hast die Wochenenden, die ich fast ausschließlich am Laptop und hinter der Kamera verbrachte, klaglos hingenommen. Du bist und bleibst eben mein großer Fels in der Brandung – ich bin dir so dankbar, dass du mein Mann bist.

SASKIA
Obwohl du selbst eigentlich schon genug um die Ohren hast, hast du mir, als ich dir von meinem Buchprojekt erzählt habe, von Anfang an deine Unterstützung angeboten. Danke, Schwesterherz, dass du dir wegen mir die Nächte um die Ohren geschlagen hast, um Korrektur zu lesen, Ideen auszutauschen und dich mit meiner Binde-strich-Recht-schreib-Schwäche auseinanderzusetzen ☺ Und danke, dass du einfach immer an mich glaubst!

STEPHAN
Ich hab mich sehr gefreut, dass ich auch mal vor deiner Kamera stehen durfte, und bin dir so dankbar, dass so tolle Fotos dabei herausgekommen sind! Du hast es eben einfach drauf ☺. Auch wenn ich immer noch lieber hinter als vor der Kamera stehe, war es dank dir und Elena ein angenehmes Shooting! Und dass wir das Ganze noch mit einem wunderschönen Wochenende bei euch verbinden konnten,war natürlich perfekt!

NORA
Danke, dass du mich bei meinem allerersten Buchprojekt an die Hand genommen und es mir so leicht gemacht hast, das Ganze umzusetzen. Du beherrschst es ganz wunderbar, mich bei meinen Bedenken zu beruhigen und mir die notwendigen Tipps zu geben, falls ich mal nicht auf die richtigen Worte komme.

Vor allem aber danke ich meiner großartigen **COMMUNITY**, ohne die ich gar nicht hier sitzen und diese Zeilen schreiben würde. Ihr habt meine Beiträge kräftig geliked, kommentiert, seid mir gefolgt und habt mich unterstützt. Ihr habt mir das Selbstvertrauen gegeben ein Buch zu verfassen – habt mich in der großen Social-Media-Welt „sichtbar“ gemacht und mir dadurch die Chance gegeben, mich kreativ zu verwirklichen.

IMPRESSUM

Bibliografische Information der Deutschen Bibliothek.

Die Deutsche Bibliothek verzeichnet diese Publikation in der Deutschen Nationalbibliografie.Detaillierte bibliografische Daten sind im Internet über http://www.dnb.de/ abrufbar.

Die im Buch veröffentlichten Aussagen und Ratschläge wurden von Verfasser und Verlag sorgfältig erarbeitet und geprüft. Eine Garantie für das Gelingen kann jedoch nicht übernommen werden, ebenso ist die Haftung des Verfassers bzw. des Verlags und seiner Beauftragten für Personen-, Sach- und Vermögensschäden ausgeschlossen.

Bei der Verwendung im Unterricht ist auf dieses Buch hinzuweisen.

EIN BUCH DER EDITION MICHAEL FISCHER

1. Auflage 2022

Covergestaltung: Alexandra Wolf
Redaktion und Lektorat: Nora Köpp, Saskia Hauck
Layout und Satz: Alexandra Wolf
Fotos: Julia Sachs, außer: S. 5, 142: ©Stephan Preis Fotografie

ISBN 978-3-7459-0907-4

Gedruckt bei Polygraf Print, Capajevova 44, 08001 Prešov, Slowakei

www.emf-verlag.de

Bildnachweis:
Umschlag: ©DioGen/Shutterstock (Schreibfeder); ©Stefan Wolny/Shutterstock (getrocknete Blumen); ©Ton Photographer 4289/Shutterstock (Strukturhintergrund); ©AKaiser/Shutterstock (Stempel)
Innenteil: Dekorationselement getrocknete Blumen: ©Stefan Wolny/Shutterstock; Dekorationselement Stempel: ©AKaiser/Shutterstock; Strukturhintergrund S. 1–3, 6/7, 28/29, 32/33, 36/37, 40–43, 46/47, 50/51, 54/55, 58–61, 64/65, 68/69, 72–75: ©Ton Photographer 4289/Shutterstock; Rahmen S. 48, 56, 66: ©vectorplus/Shutterstock; S. 76: ©Ozz Design/Shutterstock; S. 77: ©MariaNovikova/Shutterstock; S. 78: ©LiliGraphie/Shutterstock; S. 79, 100: ©benchart/Shutterstock; S. 80: ©Andrey_Kuzmin/Shutterstock; S. 81, 86, 88, 92, 102: ©AKaiser/Shutterstock; S. 82: ©Media Home/Shutterstock; S. 83: ©benjamas154/Shutterstock; S. 84: ©the palms/Shutterstock; S. 85: ©RaiDztor/Shutterstock; S. 87: ©freeart/Shutterstock; S. 89: ©STUDIOD/Shutterstock; S. 90: ©WiPhotoHunter/Shutterstock; S. 91: ©Natali777/Shutterstock; S.93: ©Digiselector/Shutterstock; S. 94: ©Annmarie Young/Shutterstock; S. 95: ©Ann.and.Pen/Shutterstock; S. 96: ©val lawless/Shutterstock; S. 97: ©Mona Monash/Shutterstock; S. 98: ©Only background/Shutterstock; S. 99: ©Here/Shutterstock; S. 101, 106: ©Olga Korneeva/Shutterstock; S. 103, S. 108: ©lynea/Shutterstock; S. 104, 105, 108, 109, 111, 113, 124: ©Irtsya/Shutterstock; S. 107: ©Unkas Photo/Shutterstock; S. 110: ©vectorplus/Shutterstock; S. 112: ©Mosquito/Shutterstock; S. 114: ©tommaso lizzul/Shutterstock; S. 115: ©SpicyTruffel/Shutterstock; S. 116: ©ElDen.COS/Shutterstock; S. 117: ©ivangal/Shutterstock; S. 118, 126: ©Krasovski Dmitri/Shutterstock; S. 119: ©Natalia Hubbert/Shutterstock; S. 120: ©I. Pilon/Shutterstock; S. 121: ©Arthur Balitskii/Shutterstock; 122: ©Tatiana Kasyanova/Shutterstock; S. 123: ©LuFei/Shutterstock; S. 125: ©Mary Volvach/Shutterstock; S. 127: ©Alexey Vl B/Shutterstock; S. 128: ©orangeberry/Shutterstock; S. 129: ©PinkPueblo/Shutterstock; S. 130: ©ivgroznii/Shutterstock; S. 131: ©Julia-art/Shutterstock; S. 132: ©Ku_suriuri/Shutterstock; S. 133: ©TonTonic/Shutterstock; S. 134: ©lisima/Shutterstock; S. 135: ©MimiMia/Shutterstock; S. 136: ©Indigo Fish/Shutterstock; S. 137: ©Art gallery/Shutterstock; S. 138: ©AcantStudio/Shutterstock; S 139: ©chainarong06/Shutterstock; S. 140: ©Woodhouse/Shutterstock; S. 141: ©muslin/Shutterstock.